No pierdas tu tren...

No pierdas tu tren...

"Una historia escrita por ella *y dibujada por él...*"

Cristina Martínez García

Número de Control de la Biblioteca del Congreso de EE. UU.:   2014922013
ISBN: Tapa Dura   978-1-4633-9739-5
                Tapa Blanda   978-1-4633-9738-8
                Libro Electrónico   978-1-4633-9737-1

Información de la imprenta disponible en la última página.

Fecha de revisión: 27/02/2015

Para realizar pedidos de este libro, contacte con:
Palibrio
1663 Liberty Drive, Suite 200
Bloomington, IN 47403
Gratis desde EE. UU. al 877.407.5847
Gratis desde México al 01.800.288.2243
Gratis desde España al 900.866.949
Desde otro país al +1.812.671.9757
Fax: 01.812.355.1576
ventas@palibrio.com
669564

Les contaré brevemente que nunca pensé que iba a publicar este libro. Todo lo aquí escrito lo plasmé en papel con la idea de organizar mis ideas. Al escribir, mis dedos iban más rápido que mis pensamientos y enseguida me encontré con unas hojas llenas de palabras que hablaban de un trocito de mi vida. Escribir este "cuento" fue como una terapia: conseguí viajar en el tiempo y recordar los acontecimientos más importantes que habían sucedido en los últimos años a una velocidad fugaz. En este libro menciono a muchos personajes de una etapa de mi vida aunque muchos de los protagonistas que están en mi presente no quedan nombrados debido a que dejé de escribir en el año dos mil doce. A partir de ahí, otros personajes se han presentado en escena y a muchos de ellos les debo mi presente, la persona que soy a día de hoy. El que ha dibujado esta historia es una persona a la que admiro y de la que aprendo cada día, y aunque a veces nuestro camino esté guiado por interrogantes sobre decisiones que han de ser tomadas, vamos de la mano y afrontamos el día a día con ilusión y agradecimiento de lo que tenemos en el presente, entre ello, dos preciosos hijos: Marcos y Diego, a los que desde aquí les dedico esta historia esperando que algún día conozcan mejor a sus padres cuando lean este libro…

Es como estar en un vagón de tren,
entro con las puertas abiertas,
los personajes me miran, pero no me ven.

Me siento y me pongo a pensar,
a pensar en mí y en mi vida,
y la sensación de estar perdida
me hace parar,
me bajo
y cambio de tren.

He olvidado adónde iba,
he olvidado a qué dirección me dirigía…

¡Stop! Paren el tren un momento,
que aquí hay una chica perdida…
No, espera, no está confundida,
ella sólo quiere llegar adonde el corazón le diga…

Chica triste y bonita:
Date tiempo y dile al conductor que siga…

¿Realmente las cosas ocurren por algún motivo?

¿Qué sucedería si tomásemos el tren equivocado?

¿Por qué existen los malos momentos, las noticias tristes y las preocupaciones?... ¿Están éstos predestinados también?...

Supongo que es más reconfortante pensar que Paulo Coelho tenía razón cuando lanzó ese mensaje de esperanza a los millones de lectores del libro "El alquimista". Es más fácil pensar que tenemos un camino diseñado para cada uno de nosotros, y que nuestra misión se basa en no desviarse o en no tomar el tren equivocado

...

Empecé creyendo en esas teorías del destino cuando un curioso día el tatuaje que me había hecho en un acto de rebeldía adolescente cobró sentido tres años más tarde. Una mañana de las treinta y cinco que trabajé como camarera en un pueblo costero de Inglaterra, decidí ir al centro de Londres a hacerme un tatuaje discreto en la parte baja de la espalda con mis amigos de aquel momento. Elegimos al azar un centro de tatuajes, escogiendo uno de los lugares más sencillos y rudimentarios de la zona. Tan fuertes eran estas dos características que no hacían diseños personalizados, había que elegir el dibujo que querías tatuarte a partir de un libro negro, usado y grueso lleno de corazones, tigres y letras chinas. Al final, decidí que me dibujaran permanentemente en la espalda un trébol de cuatro hojas. Argumentando que este símbolo no me traería suerte, me dijeron que sólo me podían hacer uno de tres hojas. Ante la locura del momento y la sensación de estar haciendo algo prohibido, tomé una rápida decisión y acepté la idea de llevar un trébol de tres hojas calcado en mi espalda durante el resto de mi vida….

Los años pasaron, y este dibujo cobró sentido cuando un día decidí dar un giro a mi vida yendo a Dublín (Irlanda) como celebración por haber terminado mi capítulo como estudiante universitaria. En el instante en el que mis ojos se recrearon en la idea de que el símbolo del país en el que viviría durante una temporada era ese trébol verde de tres hojas que llevaba marcado en mi espalda, en ese instante, tuve la sensación de que algo importante me iba a suceder….

La mayor rémora de la vida es la espera del mañana y la pérdida del día de hoy. (Seneca, 2AC-65) Filósofo latino.

ULTIMA PARADA: EN EL "AHORA":

El viento agitaba,
el silencio callaba...

Ante mí todo seguía su ritmo...
Y la película continuaba.

Seguía el agua sonando,
el viento agitando
y el silencio callando,
y yo, como espectador,
permanecía viendo cómo la vida pasaba...

¿Acaso podía estar yo sola,
sólamente como espectador...?

Me quedé pensando un momento...
Y me di cuenta de que era yo la protagonista de este cuento.
...

Es tarde, hora en la que debería estar dormida. Hace frío ahí fuera pero todavía la nieve no ha venido a visitarnos; todos aquí, en la ciudad de Boston, sabemos que no tardará en presentarse y en menos de un mes habrá conseguido cubrir toda la ciudad iluminándola de blanco y forzando a los vecinos con sus gorros de lana a sacar las palas para quitar la nieve de sus coches y dejar despejadas las carreteras para poder acudir al trabajo.

Mi nombre es Cristina, soy morena, mediana, bueno, bajita para muchos, si me estiro ante la cinta métrica podría llegar a un metro sesenta y dos centímetros. Describiendo mi personalidad, destacaría una de mis cualidades, que es la de ser soñadora. Probablemente, sin esta última característica no estaría viviendo aquí, al otro lado del gran charco. Vivo en Boston desde hace ya unos años y todavía, cuando cierro los ojos y bajo la guardia, no consigo creerme que vinimos a probar suerte a esta ciudad en el verano del dos mil ocho. Desde que posamos las maletas en la terminal de llegadas en el aeropuerto de Logan, han pasado muchas cosas, hemos vivido en la casa de mi suegra, nos hemos mudado, he encontrado trabajo como profesora de español, he logrado entender las películas sin leer los subtítulos, he conseguido memorizar la receta para hacer "apple pie" y muchas, muchas cosas más. Llegar hasta aquí no ha sido fácil pero puedo decir que me he divertido por el camino, y lo más importante es que las cosas están empezando a salir como planeábamos, que no es poco, ¿verdad?.

La decisión de venirnos a vivir a esta cuidad empezó a partir de una combinación de ingredientes que se iban alineando como si de una receta de cocina se tratara. Tras varios meses, finalmente estos elementos cogieron fuerza suficiente como para meter la masa en el horno y mirar a través del cristal para ver si todo cuajaba. Este tipo de pasos vitales no se dan nunca con absoluta certeza, pero esta vez teníamos esa latente corazonada que nos indicaba que las cosas iban a salir bien. Mi compañero de aventuras, el que mira conmigo a través del cristal para ver si todo sale bien, se llama Federico. Todavía es el día en el que sigo pensando en la suerte que tuve cuando coincidimos en la idea de intentar llevar a cabo aquella ya lejana relación a distancia…

Déjenme retroceder, en el año dos mil dos …

PRIMERA PARADA: IRLANDA, DUBLIN

Todas sus calles del centro olían a patatas fritas sumergidas en aceite requemado. Mientras los turistas recorrían las aceras, los restaurantes de comida rápida abrían sus puertas de par en par dejando escapar el incitante olor de su comida y así conseguir más clientes que cualquier "fish and chips" o cualquier "burguer" de O'Conell street.

Las calles del centro de Dublín eran un espléndido espectáculo de color y diversidad. Cada personaje marcaba un estilo y tendencia mientras en sus esquinas se acumulaban grupos de italianos y españoles que habían ido a la ciudad con la intención de aprender inglés. Entre uno de aquellos grupos de españoles, me encontraba yo, y todo sucedía a la sombra del emblemático edificio del la universidad "The Trinity College". Aquella tarde lo último que me apetecía era ir a la academia a hablar un idioma que no era el mío, necesitaba expresarme a mi manera y contarle a Rocío lo triste que me encontraba en aquel gris y lluvioso día. Tuve suerte, Rocío estaba igual o más desanimada que yo, por eso fue fácil cambiar el plan de la clase de inglés por unas "pintas" en el pub de enfrente. Ahí nos encontrábamos, ahogando penas entre pinta y pinta de auténtica Guiness, la espuma, su olor característico y su espesor nos invitó a seguir cómodamente nuestra conversación…

Las dos llevábamos más de un año viviendo en Dublín, concretamente en Dublín nueve, una zona temida debido a los vampiros que recorrían las calles a partir de las diez de la noche. En el momento en el que el día dejaba el turno a la noche, los bares de la zona abrían sus puertas y dejaban que sus clientes bebieran en la barra del pub. En este ángulo del bar charlaban amistosamente con el camarero y dejaban que la Guiness se consumiera en sus pintas como si de agua bendita se tratara. De esta manera, las calles quedaban abarrotadas de personajes sonrientes y no tan sonrientes que regresaban a sus casas después de haber escuchado la doble campanada del barman marcando el final de la noche. La idea de ir al pub era comparable a la de ir al cine o a la de ver un partido de fútbol; el objetivo era evadirse y pasar un rato ameno.

Así que Rocío y yo aprendimos la lección y nos encontrábamos en uno de los pubs más conocidos de la zona "The Temple Bar" pidiendo "pints of Guiness". Aquella noche la conversación y el replanteamiento de nuestras vidas nos permitía animarnos cada vez más. El humo se perdía entre la gente y los ruidos de vasos y palabras suspendidas en el aire se fundían en el ambiente dotando al bar de un carácter personal y afable. En el local, había una oleada constante de entradas y salidas.

De repente, entre las personas que iban pasando por la puerta del bar se colaron dos chicos con gorritos de lana y pantalones de talla XXL. Se sentaron en la parte de arriba, en la esquina, pero eso no evitó que Rocío y yo tuviéramos un buen ángulo de visión desde nuestra mesa. Los veíamos perfectamente, eran dos chicos con un "look" distinto al que nos tenían acostumbradas las calles de Dublín, eran grandes, fuertes y su holgada vestimenta no nos dejaba darles una nota con exactitud. Nos emocionamos, dejamos que retornara la sensación de dos quinceañeras impresionadas por su profesor de educación física. Pronto, comenzamos a intercambiar miradas y nos fuimos al servicio a controlar que nuestras caras no delataran el cansancio y la tristeza que permanecían en nosotras hacía una hora. De pronto, sonó la campana dejando un sonido estridente al otro lado de la barra, la cuerda la sujetaba un camarero regordete con los mofletes rojizos y con cuatro pelos estudiadamente peinados que le tapaban su incipiente calva. Esa señal nos indicaba que se nos acababa el tiempo, el bar iba a cerrar y teníamos que empezar a colocarnos en la fila para ir abandonando aquel lugar. Enseguida estábamos fuera, poniéndonos capas de ropa para sobrevivir al frío invierno irlandés. Como gesto ya rutinario típico de esa época del año abrimos nuestros paraguas, y esperamos a que los dos chicos salieran detrás. Ahí estaban. Ellos comenzaron a caminar en dirección contraria a la nuestra y al ver que se nos escapaban, había que idear un plan, no daba tiempo a pensar en frases originales o en la manera perfecta de presentarnos. De pronto, me encontré sin palabras tocándole el hombro al chico rubio. Dejé que mi espontaneidad cogiera las riendas y lo único que salió de mi boca fue una inesperada pregunta sobre un sitio par ir a bailar. Enseguida descubrimos de dónde eran, venían de EE.UU. y uno de ellos, el rubio, el que se llamaba Federico, había nacido en Italia…

-¡Qué buena mezcla!-pensé yo-.

La lección de inglés que recibimos aquella noche fue la mejor de todas. Practicando el idioma se nos fueron los remordimientos por haber faltado esa tarde a clase. Nos esforzamos y reunimos todas nuestras ganas de comunicarnos.

Cedí la palabra a Rocío que se manejaba mejor que yo en la lengua inglesa, y así pronto quedó clara nuestra presentación, enseguida ya sabían de dónde éramos, qué hacíamos en Dublín y cuánto tiempo llevábamos viviendo en Irlanda.

-You have been living here for a year and you still don't know a place to dance?-dijo uno de ellos con un tono sorprendido.
-"Estupendo, más evidente no puede ser"-pensamos las dos a la vez-. Estaba claro que si llevábamos un año viviendo en aquella ciudad, teníamos que conocer algún lugar para bailar.

De hecho, este atrevimiento nos ayudó al instante, ellos ya sabían que teníamos ganas de conocerlos así que fugazmente la noche empezó a fluir como debía. Acabamos en un bar bailando, por suerte yo había elegido al rubio y a Rocío le llamaba más la atención el moreno. Esa noche fue muy divertida, acabamos dejando que nuestros pies se movieran con libertad y yo descubrí la sensación de orgullo que provocaba la idea de poder tener una conversación completa en inglés. Entre las endorfinas que corrían por mi cuerpo y el empujón del alcohol, la timidez se había quedado escondida, dejando paso así a las ganas de hablar y de jugar con las palabras protagonizar la escena…

Tuvimos suerte, Rocío y yo librábamos al día siguiente, así que sin duda nos ofrecimos para ser sus guías y así, enseñarles Dublín por la mañana. Recuerdo como si fuera ayer el recorrido de retorno que hicimos Rocío y yo desde el bar donde nos habíamos despedido de aquellos misteriosos chicos a nuestras respectivas casas. Habíamos recibido la mejor medicina contra la tristeza, estábamos entusiasmadas, felices, llenas de vitalidad. Ninguna de las dos podíamos imaginar que eran ya las cinco de la mañana. Nos despedimos y quedamos para el día siguiente…

-¿Qué te vas a poner mañana?-me preguntaba Rocío mientras ella iba desapareciendo del escenario-. Me quedé pensando en la respuesta y ella se fue alejando con un paso ligero y decidido.

Esa misma mañana yo llevaba ya más de una hora con los ojos entreabiertos cuando mi despertador sonó, pero, a pesar de ello, la música chirriante en mis oídos hizo que me levantara de la cama de un salto. Después, saqué toda la ropa que tenía en el armario y busqué algo que me quedara bien, tras probarme un par de camisetas, me puse la de siempre, la de casi todos los días, así me sentiría más cómoda y lista para ser yo misma.

Después de tomarme un café caliente recién hecho mezclado con las últimas gotas de leche que quedaban en la botella, recogí a Rocío dos calles más abajo y ella vino como un rayo nada mas escuchar su timbre. Parecía que se le había caído el tarro de perfume encima y bajaba fresca como una flor. Animadas por nuestra conversación que venía acompañada de unas galletas de mantequilla que comimos en nuestro camino, nos dirigimos a la puerta del "Trinity College". Nosotras fuimos puntuales y ahí no había nadie… Empezamos a ponernos nerviosas, temíamos que la emoción de la idea de encontrarnos con aquellos viajeros podía durar sólo unos segundos más, protagonizábamos uno de esos momentos en los que uno se siente ridículo sólo con la idea de pensar que su cita no va a acudir.

-¡Por fin, ahí están!-dijo Rocío-.

-¡Qué vergüenza!-le dije. –Por favor empieza tú, a mí se me ha olvidado todo el inglés que sabía-.

-Mi cuerpo parecía una cafetera a punto de explotar: sentía las burbujas hirviendo dentro de mí, y me concentraba para que mi cara no cambiara de color, lo último que me apetecía era desprender un tono rojizo- rosado intenso en mis mejillas en el momento del encuentro.

-Hi, how are you? Sorry for the delay-dijo Federico-.

-It doesn't matter-respondió Rocío con la sonrisa abierta que la caracteriza-. Mientras tanto, yo por dentro pensaba que si hubiesen llegado diez minutos más tarde a mí me hubiera dado un ataque al corazón sólo de pensar que nos habían dejado ahí, con el perfume puesto, el colorete bien medido y nuestras ilusiones desprendidas en el aire.

Pasado el momento del reencuentro, comenzamos nuestra pequeña excursión por la ciudad. Hacía frío pero el sol se esforzaba por abrirse camino entre aquella espesa cortina blanca en el cielo. Enseguida cambiamos los puestos, después de perdernos un par de veces, Rocío y yo les cedimos nuestra función de guías turísticas. Ellos, cogieron su gran libro de viajes por Europa y marcando la D, apareció el mapa de Dublín, efectivamente estábamos tomando el camino equivocado para ir a la fábrica de Guiness. Chris, con su mirada de niño picarón y sus ropas holgadas, cogió la iniciativa con paso rotundo, y en cinco minutos llegamos. Era para nosotras la quinta vez que visitábamos la fábrica y por ello prestábamos la mínima atención a la máquina de cebada y a la historia de la cerveza. Sin embargo, ellos parecían ensimismados, no paraban de hacer fotos y de leer todos los carteles que encontraban a su paso. Ahí fue cuando Rocío y yo pensamos que igual nos habíamos hecho falsas esperanzas. No podíamos adivinar lo que ellos estaban pensando, sin embargo, en aquel momento parecía que mientras nosotras planeábamos el lugar dónde podíamos ir a cenar después de nuestro paso por la fábrica, ellos pensaban:

-"Qué máquina más impresionante, es increíble que pudieran hacer cerveza con semejante instrumento"-.

Después del recorrido, tomamos el ascensor y presionamos el botón que nos llevaría a la última planta, ahí mismo nos bebimos esa fresquita pinta de Guiness recién sacada de los bidones. Sentados en una de las sillas del bar, pudimos apreciar las impresionantes vistas de la ciudad a través de los grandes y limpios ventanales. En un costado divisábamos el misterioso río Liffey y en el lado opuesto intentábamos situar nuestra casa y nuestro lugar de trabajo. Llegaron las cinco de la tarde e impacientemente nos informaron de que teníamos que abandonar la fábrica. Había finalizado el tiempo estimado para la visita, así que nos pusimos en camino para ir a cenar. Encontramos un bar de tapas en la calle George street. Si no recuerdo mal, se llamaba "El Globo", y cómo no, sirviendo, una camarera que era de Barcelona.

De las tapas pasamos a tomar unas cervezas y de las cervezas a una discoteca, allí nos reunimos con un buen grupo de amigos y dejamos que la noche se apoderara de nuestros espíritus festivos.

Rocío y yo, seguíamos dudando sobre las intenciones de aquellos interesantes chicos que no paraban de hacer fotos.

-¿Querrían sólo unas guías para conocer Dublín?-. ¿Tendrían novias en EE.UU.?-…

Por fin llegó el momento: el DJ nos ayudó poniendo una canción un poco más lenta, y finalmente sucedió…

-"Pensaba que ya era misión imposible"-. Me dije a mí misma.

Federico se animó y estiró su brazo en forma de invitación a la pista, nos situamos, nos miramos los pies, y nos dejamos llevar por el ritmo. Llevábamos ya unos minutos concentrados en no pisarnos al son de la música cuando yo empecé a preguntarme qué ocurriría si el DJ tomaba la decisión de proseguir con canciones más animadas. Me entró un momento de pánico, esa era la oportunidad y algo no acababa de suceder…

De repente, fue otra vez mi atrevida voz quien tomó las riendas sin registrar la información por mi cerebro, decidió tomar la iniciativa y descaradamente le hizo la siguiente pregunta a aquel chico rubio de grandes manos y cuello grueso.

-Could you give me a Huge?-queriendo decir, "hug", o lo que es lo mismo, un abrazo.

-Could I give you a kiss?

-Ay, sí, eso sonaba mucho mejor, si él estaba dispuesto a darme un beso, la cosa marchaba a buen ritmo.

Del baile, Federico y yo pasamos al abrazo y del abrazo al deseado y buscado beso.

-Ya era hora-pensé, regalándole a mi autoestima un momento placentero-.

La fiesta acabó en casa de Raquel, enseguida ella se puso su delantal bordado y rematado con puntillas, y cogió los ajos para hacer una paella. La acabamos bautizando como la "spicy paella" porque a Raquel se le había ido la mano con el picante, claro que estos dos chicos no se enteraron de este detalle y estaban encantados con la receta. Mientras todos poníamos una cara extraña, ellos sonreían pensando que comían un plato picante parecido al arroz con chili.

Acabó la noche que se alargó hasta el día siguiente. El sol atravesaba la ventana, algo excepcional para ser invierno en Dublín, yo había llamado al trabajo para decir que estaba enferma, la responsabilidad y la madurez quedaban en segundo plano tratándose de este excepcional e irrepetible "momentum".

Federico y yo teníamos sólo dos días más para descifrar lo que se podía interpretar a partir de ese lenguaje bilateral de mímica y de esas palabras mal pronunciadas en inglés que salían de mi boca. Juntos, no paramos de hacer excursiones por la interesante ciudad de Dublín, explorábamos para conocer sitios, entre ellos, fuimos al escondido y característico mercadillo de Blackrock con el Dart (el tren de la ciudad), donde nos comimos un esponjoso "carrot cake". Los dos estábamos contentos, disfrutando, relajados… La distracción era tal que nos metimos en una iglesia pequeña de la costa y no nos dimos cuenta de que estábamos en un funeral hasta que llegamos al altar con nuestra cámara de fotos. Todo iba bien, parecía que estábamos sintiendo la misma química.

Los sitios que visitábamos era lo de menos, mientras tanto, los dos nos concentrábamos por entendernos y las conversaciones y los temas fluían libremente aun cuando no estábamos hablando de lo mismo. Se notaba que habíamos conectado y en ese momento el idioma pasaba a ser un detalle sin importancia, en realidad, le añadía más misterio y emoción a la situación. La situación no era sencilla ya que yo sabía que a Fede le quedaba un largo viaje por delante y mientras tanto, yo me quedaría en Dublín. Así que vivimos el momento ante la duda de si esa historia llegaría a buen puerto. Yo esos días disfruté de los minutos como si fueran un regalo del cielo y no dudé en dejarme llevar por la efervescencia de la escena...

Él, un chico fortachón con cuello y hombros anchos, y con una sonrisa leal y dirigida por una fila de dientes grandes y bien alineados. Sabía poco de él en aquel momento pero su amabilidad y su pausada forma de hablar y escuchar, era lo que yo buscaba y necesitaba. Probablemente, esa atención que reflejaba su cara al oír mis palabras era la consecuencia de la concentración que requería para poder entender mis historias en un inglés pobre en vocabulario y marcado con un fuerte acento, pero también se palpaba que esa expresión en su rostro era real, honesta y amable. Federico llevaba ropa ancha y sus camisas arrugadas sacadas de esa gigante mochila de viajero delataban su estilo clásico y discreto. En esos instantes era todo misterioso en él, yo quería saber cada detalle de aquel chico, pero me temía que no quedaba mucho tiempo para adivinar. Federico se presentaba ante mí como un personaje absolutamente desconocido, un hombre diferente e interesante. Y este hecho provocó en mí el descubrimiento de un lado de mi personalidad, una reacción química que dejó que mi cuerpo se prestara al presente, dejando que la adrenalina invadiera cada segundo de la escena.

Era lunes, ocho de la mañana, llovía a cántaros y parecía que la historia inolvidable se acababa ahí, en esa parada del autobús número cuarenta y uno, y en aquel triste y lluvioso día. El me despedía y yo me subía a ese arcaico medio de transporte para ir a trabajar. Me sentía vacía, probablemente sería la última vez que lo vería y sólo de pensarlo me daban ganas de bajarme del autobús, coger las maletas y acompañarlos en su próximo destino, Francia, concretamente a la ciudad del amor, París.

-Gran tentación-pensé-.

Los siguientes días tuve que aprender a manejarme en el mundo del email, un descubrimiento que las circunstancias me provocaron la necesidad de averiguar. Mi cuenta estaba totalmente caducada pero con suerte la recuperé y esperé con ilusión el ansiado mensaje de Hotmail diciéndome que tenía un recado para mi. Recibí pronto un email de Federico que anunciaba que después de un largo viaje habían llegado a París. Yo no paraba de hablar sobre aquella aventura vivida a todos los que tenía alrededor. Quedé un día con mi hermana para contárselo, ella había venido a esta ciudad para hacer un master y su casita estaba en la costa, pero gracias al tren, vivía cerca del centro de Dublín. Todos los que me rodeaban me daban el mismo consejo:

-¡Olvídate! Tu has sido la de Irlanda, luego vendrá la de París, luego la de Italia-… Todos me lo advertían, pero yo me negaba, sabía que nuestra historia era cierta, real. Era consciente de que él estaba viajando por Europa y que la posibilidad de que conociera a más chicas era enorme, pero a pesar de ello, yo, confiaba en mi instinto. Era lo único que podía hacer…

Pasaban los días, los emails se multiplicaban, las llamadas aumentaban. El seguía viajando y yo dándole vueltas a mi agenda para poder encontrarme con él. Un martes me desperté, cogí el autobús cuarenta y uno, el de todas las mañanas, en dirección al trabajo y fui directa a la oficina de

Melissa, la responsable de recursos humanos. Nada más verla, le pregunté cuántos días tenía de vacaciones y a pesar de que no eran muchos, reservé todos para el viaje en busca de los mochileros que estaban recorriendo Europa. Fue fácil, ellos se encontraban en España en aquel momento así que enseguida volé en su dirección.

En cuestión de horas, ahí me encontraba yo, invadida por el pánico y recogiendo mis maletas para buscar la salida. Nunca se me olvidará ese momento; Federico estaba en primera fila, llevaba una camisa blanca arrugada, y era fácil adivinar que la acababa de sacar de la secadora de una de las lavanderías cerca del albergue de la capital. Por supuesto, eso no importaba. Yo me concentré en su sonrisa y puse la atención en mis pies para no tropezarme en aquel delicado momento. En segunda fila, se encontraba su amigo Chris, observaba el gran encuentro desde el banquillo y esperaba la ocasión acertada para entrar al campo. Una vez ya situados los tres mosqueteros, decidimos ir al centro a comer algo. Yo no me podía creer la estampa que presentaba la situación. Ahí me encontraba yo, en Madrid, recién llegada de Dublín y con el chico que había provocado que mi reprimida locura y mi sentido aventurero se apoderaran de mí.

Cogimos el metro y elegimos la línea roja que nos llevaría a la estación de Sol. Los tres paramos a tomar una cervecita fría que me supo a gloria en el lugar que ellos habían descubierto ante su asombro: "El museo del Jamón". Seguidamente y con la sed más calmada, nos dirigimos al hostal familiar en el que ellos habían reservado habitación para una noche. Estaba situado en la Plaza Santa Ana. La habitación tenía un pequeño balcón al que te podías asomar y así apreciar el ambiente y la música en directo que invadía el asfalto.

El lugar era pequeño y casero pero acogedor. Tenía un largo pasillo y en la sala se encontraba una familia viendo la televisión mientras la abuela tejía. Atravesando el salón llegabas a nuestra habitación, la idea era dormir los tres en el mismo cuarto y así poder ahorrar dinero para asegurarnos que tendríamos suficiente para el siguiente destino. Esa noche salimos de copas y dejamos que el ambiente de "Huertas" nos embrujara y nos dotara de la energía suficiente para seguir el ritmo de aquella frenética noche de sábado. Nos dio tiempo para cenar, charlar, bailar y reír hasta que la responsabilidad hizo su aparición y decidimos regresar al hostal. A la mañana del día siguiente, emprendimos el viaje a nuestro destino acordado, Sevilla. Después de ir a desayunar al templo recién descubierto por aquellos dos chicos, el Museo del jamón de la puerta del Sol, fuimos en metro a la estación de trenes de Atocha. Nada mas llegar, ellos posaron sus pesadas mochilas y fuimos al puesto de información. Después de esperar la eterna cola, aprendimos nuestra ruta y nos dirigimos a comprar los billetes del AVE que esa noche hacía el recorrido de Madrid-Sevilla. Una vez ya montados en el tren, fue fácil dejarse mecer por el ruido monótono que hacía el vagón a su paso por las vías. Los tres nos dejamos caer en brazos de Morfeo.
-Señores pasajeros en unos minutos llegaremos a Sevilla-. Esa voz nos despertó a los tres consiguiendo que la emoción nos apoderara al saber que estábamos a punto de llegar a nuestro destino. Nos bajamos del vagón. En Sevilla hacía calor, un calor seco que se colaba entre nuestra ropa. Finalmente y después de llamar a casi todos los hostales de la lista de aquel grueso libro de viajes por Europa, conseguimos encontrar un lugar con habitaciones vacantes, esta vez cogimos una habitación doble para nosotros y una individual para Chris...

A la mañana siguiente, con la guía en la mano y marcada en la página de Sevilla, nos aventuramos a formar parte de la masa de turistas que visitaban la ciudad. Vimos la torre del oro, la espectacular y majestuosa Catedral gótica y recorrimos las calles buscando flamenco. Sí, lo encontramos y ahí culminamos el día sentados en unos bajos taburetes, comiendo jamón y escuchando el taconeo de un bailarín al ritmo del punteo de aquella armónica guitarra española. En nuestra mesa se posaba una jarra de sangría donde el azúcar se amontonaba al fondo mientras veíamos flotar las cortezas de naranja que se escondían entre los hielos.

Una vez ya cumplida la ruta y vistos todos los monumentos sugeridos por la guía, incluyendo la emblemática plaza de toros, decidimos cambiar de destino. Encontramos un pequeño y acogedor bar perdido entre las calles de Sevilla, elegimos la mesa que estaba situada cerca de la ventana y ellos pidieron dos cafés cortados y unos boquerones. Sin embargo, yo pedí una Coca-Cola fría y aproveché ese momento para saciar mi capricho de patatas bravas. En el momento en que todo estaba ya servido en la mesa, la camarera no pudo evitar hacer un comentario ante semejante escenario. Denominó como "pecado mortal" mezclar el café con las tapas que nos estábamos comiendo, así que los chicos fueron forzados a tomarse unas claras con limón para acompañar los boquerones y las patatas. Después de las claras y el café, llegaron las manzanillas por cortesía de la dueña del bar, quien se había empeñado en educar las dotes culinarias de aquellos dos chicos extranjeros. Después de una larga conversación, decidimos nuestro plan: esa misma tarde buscaríamos un lugar donde alquilar unas motos y nos dirigiríamos a Cádiz. Sí, ahora cuando lo pienso, ya teniendo unos años más, me doy cuenta de la locura que fue diseñar ese trayecto sobre dos ruedas. Alquilamos dos motos y yo me agarré fuerte a la cintura de Federico esperando a que pudiéramos llegar a nuestro destino sin ninguna sorpresa por el camino. Los camiones nos adelantaban sin piedad, dejando que nuestras motos se tambalearan perdiendo su estabilidad. El paisaje era monótono, repleto de campos de trigo que dejaban una repetida apariencia de una seca y árida escena. Los colores del paisaje se repetían a ambos costados de la carretera. Al final, llegamos, y pudimos dejar nuestras mochilas en un albergue de Cádiz. Una vez ya situados en la ciudad y otra vez con nuestro mapa en mano, nos pusimos en busca de un bar abierto donde comer algo. Lo encontramos, y saboreamos cada una de las tapas que pedimos: calamares, pimientos rojos, croquetas y jamón ibérico. La ciudad estaba dormida, había poca gente en la calle y ésta se encontraba descansando del ajetreado verano. Los residentes disfrutaban ya de la añorada tranquilidad y esperaban la entrada de noviembre con la chaqueta debajo del brazo. Esa noche estrellada Chris subió a la azotea de aquel céntrico albergue juvenil donde había camas disponibles y nosotros nos quedamos en una habitación pequeña pero acogedora, un espejo reflejaba desde la esquina la escena, ahí callado y observador sin perder detalle…

La visita a esta ciudad fue fugaz y al día siguiente regresamos a una de las cunas del baile flamenco, la ciudad sevillana.

Los días pasaron rápidos como un suspiro y desafortunadamente llegó el día de finalizar mi viaje y volver a Dublín. Era increíble la sensación de pensar que había pasado unos días mágicos con aquellos dos extranjeros. Las horas habían pasado tan rápido como si de minutos se trataran y los minutos se habían evaporado en el tiempo como si fueran segundos. Es difícil describir lo divertido que fue para mí estar en España con aquellos chicos, especialmente con él, me sentía como una jovencita traviesa y esa adrenalina era incomparable a cualquier otra que había sentido antes... de alguna forma yo también me había sentido extranjera en mi propia tierra, hecho que parecía muy emocionante. Las conversaciones y los momentos con Federico habían sido naturales y auténticos, todavía nos quedaba mucho camino por descubrir pero ese viaje había sido crucial para dar un empujón a seguir caminando en esa dirección. Aquella misma noche llamé a mi madre para decirle que había conocido a un chico increíble y que mi intuición me decía que sería él, el definitivo. Claro que ella al escucharme no pensó en el romanticismo y se echó las manos a la cabeza cuando le dije que era una chico de Roma que vivía en Boston y que ahora viajaba con su mochila por Europa. Era evidente que mi madre no entendía cómo podía yo estar en España y no viajar al norte a visitar a mi familia. El futuro lo aclaró...

-Hija: No te metas en líos-me aconsejó dejando entrever su instinto protector maternal (Aquél que perdura a pesar de los años).

Mi madre se llama María Concepción pero todo el mundo la conoce por el nombre de Chity, sí, escrito con "Y" aunque no sé muy bien por qué. Imagino que ese es el toque de distinción que ella le ha querido dar a su identidad ya que esta mujer no es para nada una mujer corriente. Digamos que es bajita, si se pusiera de puntillas, podría llegar al metro sesenta. Le gusta el azúcar y mojar sus galletitas en café a las cinco de la tarde. Este capricho se refleja en su figura, pero la verdad, es que lo lleva con desparpajo, probablemente sea una de las causas por la que ella en determinados momentos puede ser realmente dulce. Nació en la elegante ciudad de Oviedo, en la cual está ahora gran parte de la familia. Lleva ya viviendo muchos años en Bilbao y se pasea por sus calles con soltura y gracia. Aquí es donde nacimos mi hermano Juanma y yo, a diferencia de Pilar, que nació en la pesquera ciudad de Santander. Mi madre es como una gallina que siempre ha protegido a sus polluelos guardándonos bajo el ala. Demostrando su gusto por alimentar a los suyos, siempre nos ha dado de comer los más exquisitos manjares cocinados con las mejores y más tradicionales recetas. Eso sí, una gallina que no lleva bien el siguiente paso, el de dejar que sus polluelos ya crecidos abandonen el corral. Sigue guardando el nido y acumulando manjares esperando a que los suyos regresen al calor del hogar. Ahora es decoradora. Lo puedes ver cuando camina por las callejuelas de Bilbao, donde los colores de su ropa combinan perfectamente al son de su zapato plano. Siempre lleva un bolso colgado del antebrazo. Camina rápido pero con pequeños pasos ya que dice que enseguida se cansa a pesar de que emana una energía insuperable. Es afable, sonriente, divertida y nerviosilla como la cola de una lagartija. Una maga con los hilos, las sartenes y las cazuelas. Casi como por arte de magia, chiscando las yemas de sus dedos es capaz de sacar de unos hilos, una chaqueta y de unos tomates una salsa digna de "hacer barquitos". Respaldando a mi madre y a los suyos, está mi familia de Oviedo, un grupo de diversos personajes entrañables y divertidos, los cuales siempre hacen lo posible para reunirse en familia y así aprovechar para comer bien y pasarlo en grande. Todos ellos son nuestro gran apoyo… A su lado, Juan, Juanito para los amigos. Un hombre optimista, soñador que vive con la esperanza de cumplir todas sus metas. Papá tiene una calva ya muy marcada y coloca hacia atrás sus cuatro o cinco pelos que tiene en la cima. Tiene una barriguita incipiente pero se mantiene bien a pesar de su gran debilidad: la comida y el buen vino. Él es de la cuna de las naranjas y las mandarinas, concretamente de un pueblito coqueto llamado Alzira, ahí donde siguen viviendo mis tíos y primos. Es menos protector que mi madre, al fin de al cabo, ha sido él quien nos ha enseñado que el mundo no es tan grande como parece. Cuando nosotros éramos pequeños mi padre viajaba constantemente y vivía entre hoteles, aviones y trenes, pero siempre encontraba un ratito para parar a repostar, a coger energía y así seguir luchando por su pequeña empresa. Trabajador constante, incansable y luchador, así es él y así va a seguir siendo… A papá le gusta siempre comprar tres periódicos los domingos en el kiosko de toda la vida (el de debajo de casa): el ABC, el País y el Mundo, le gusta comparar las noticias y así intentar comprender los intrépidos movimientos de los políticos mientras se toma el café en la cafetería de siempre, en su mesa, la que hace esquina y la que está cerca del gran ventanal. Un hombre autodidacta por excelencia.

Juanito es un amante del buen cine, es aquí donde tiene su templo de meditación, donde llega a tal estado de relajación que es capaz de desconectar y cerrar los ojos en mitad de la película, aunque lo más sorprendente, es que siempre sabe al detalle lo que está ocurriendo, y esto debe de ser gracias a una de sus mejores virtudes: la habilidad de hacer varias cosas al mismo tiempo.

Uno de los mejores recuerdos que llevo conmigo, son aquellos momentos que pasábamos los domingos por la mañana. Nada más despertarnos los tres hermanos acudíamos a la cama de mis padres donde nos esperaba papá con medio ojo entreabierto para ponernos a los tres en fila en sus rodillas y así cantarnos la canción del tren:

"El tren va a marchar,
la estación llega ya,
chaca-chaca-chaca-chaca-chacachacachachachacachacaya"

"La Cristinona se está subiendo al tren...
y todos se van a caer..."

Seguidamente, estiraba las piernas y los tres hermanos caíamos de la cama. En ese momento mi madre siempre interrumpía cualquier cosa que estuviera haciendo y venía acalorada para asegurarse de que los tres estábamos bien.

-Juan, algún día vamos a tener un disgusto como sigas cantando esa canción y lanzando a los tres a la deriva-. Así lo dijo mil o cien mil veces demostrando una vez más su preocupación por la integridad de todos los que le rodeaban...

Ya que me he puesto a pensar en la familia, seguiré con Pilar, mi hermana mayor, exactamente tres años mayor que yo. Ella ahora vive en California pero antes de eso, vivió en Bilbao, a pesar de nacer en Santander y de pasar tiempo en Dublín, entre otros destinos. Cuando uno piensa en ella no puede evitar imaginársela sonriendo y mostrando la expresividad guiada por esa fila de dientes blancos y bien ordenados. Es delgada y de cara bonita, entrañable (o por lo menos eso es lo que me parece a mí…). Ella siempre ha tenido una personalidad muy definida y su colorida forma de vestir delata su gusto por lo diferente y lo original. En su indumentaria destacan siempre esas grandes gafas de sol, enmarcadas por dos redondos cristales que le dan ese look sesentero que permanece en ella. Pilar es responsable y trabajadora y sabe combinar estas características con su disponibilidad a saborear de los pequeños momentos. Polifacética por excelencia, ella ha pasado por diferentes papeles: ha sido fallera, presentadora de televisión, mimo y también una ejecutiva (aunque no agresiva). Al principio, entre Pilar y yo existían más diferencias, pero es el presente el que nos ha demostrado que somos más parecidas de lo que pensábamos. De hecho, sorprendentemente, las dos hemos tenido hasta ahora caminos parecidos; conocimos a nuestros compañeros en Dublín, ambas nos casamos en España, nos vinimos a vivir al otro lado del charco, y más coincidencias que luego les desvelaré. Menos mal que ya quedó lejos el día en el que le tiré del vestido en su comunión por celos, pobre, siempre tuvo que resistirse a mis encantos… Nos llevamos bien, nos entendemos y nos gusta reírnos de nuestras aventuras de cuando éramos pequeñas. Hace poco descubrimos que las dos estornudamos tres veces seguidas después de meternos un chicle de clorofila en la boca, así que imagino que todavía nos quedan cosas que tenemos en común por averiguar. Un buen vaso de vino escogido en un buen momento, convierte los minutos en alegría para nuestra alma de hermanas. Pilar tiene un hijo llamado Noah, el cual es un regalo que recibimos la familia el quince de agosto del dos mil seis y un nuevo bebé acaba de llegar a su familia, el risueño de ojos profundos llamado Alex. Con ellos, David, un chico de Dublín y que es el otro responsable de la joya donada a la familia, él es un padre entregado y dedicado que sigue con detalle los pasos del pequeño y veloz Noah, un pequeño personaje dulce y simpático.

Mi hermano "pequeño" se llama Juanma, nos llevamos dos años. Ambos somos aries, así que existe una buena complicidad entre los dos. Juanma es un "tío" simpático y muy afable. Tiene unos característicos "ojos sonrientes", que se ríen cuando te miran a pesar de que su dueño no sea consciente de este acto. Amigo de sus amigos y fiel a sus ideales y creencias. Es bilbaíno hasta lo más profundo de sus entrañas pero también le gusta visitar mundo y sorprenderse de los colores y sabores de los distintos rincones del globo. Juanma es menudo y ancho de hombros. Divertido, coqueto y de buen vestir. Siempre que pienso en él, me viene su imagen a la cabeza donde le veo vestido con una camisa azul de cuadros y donde sonríe pícaramente. Amante de la raqueta y buen catador de un buen vino y de un buen manjar. Mi hermano es un gran consejero y se presenta ante ti como un libro abierto a la hora de hacer planes, de buscar un buen restaurante por la zona o de encontrar un rincón escondido, virtuoso y de buen precio. Juanma cuida de sus hermanas como si él fuera el hermano mayor, protector por excelencia. Marta le acompaña, ella es una chica sonriente y pausada, con mucho estilo y una dulzura inigualable.

Es curioso cómo se puede ver un ingrediente común en los personajes que acabo de nombrar: Somos todos amantes de la satisfacción placentera que provoca una buena carcajada. Sobre todo, son Pilar y Juanma quienes una vez que comienzan, son como un tren imposible de parar.... Descarrilarán, perderán las formas, pero no pararan de reír....

SEGUNDA PARADA: PALMA DE MALLORCA

Estaba claro que esa vez no era como las demás, esta vez yo llegaba a Dublín triste, con pocas ganas de regresar a mi ya monótona vida como teleoperadora. Mis días transcurrían con el pinganillo en la oreja cogiendo llamadas y estresándome por aquella constante luz roja que persistía; aquella insistente luz que me indicaba que había llamadas en espera y que no había tiempo para disfrutar de ese té con leche que me esperaba en la esquina de la mesa. Menos mal que al lado de mi ordenador estaba el de ella, mi gran amiga Gema. Ella era alguien diferente, se pasaba el día cogiendo las llamadas de pie, mientras todos nos dejábamos escurrir en aquellas acolchadas sillas. Supongo que Gema quería divisar lo que ocurría en la oficina y desde ahí arriba podía ver si aquel chico italiano del que se había enamorado aparecía por el salón de reservas. Enseguida conecté con esta chica, supe al instante que nos llevaríamos bien. Cuando nos conocimos, estábamos comiendo uno de esos platos rebosantes de mantequilla requemada y adornados con patatas fritas de la cafetería de la empresa. El menú era lo de menos. En el momento en el que comenzamos a hablar, las palabras surgieron de manera tan fluida y natural que parecíamos amigas de toda la vida.

Yo siempre he creído que es importante que la química fluya cuando dos personas se conocen, no tan lejos del comportamiento de dos cachorros que se encuentran en el parque, en el primer contacto, algunos se muestran indiferentes y en otros, deciden jugar juntos. Imagino que el ser humano se pude sentir así a la hora de conocer a alguien, simplemente que la sociedad nos obliga a permanecer un reglamentario periodo de tiempo, a pesar de que ambas partes sepan que no hay entendimiento... Sin embargo, cuando sí hay una conexión, la persona lo siente, y simplemente quiere volver a encontrarse con el nuevo personaje otra vez.

Gema es rubia, con exultantes y expresivos ojos azules. Es una persona cuya energía y vitalidad te atrapan. Es una buena consejera y una fiel amiga. En Dublín, uno de los momentos más divertidos con Gema eran las sobremesas de después de comer. Los ojos se le cerraban como a un bebé y sus digestiones pesadas le complicaban la decisión de volver a su puesto para coger llamadas. En el instante en el que conocí a Gema ella estaba viviendo una aventura con un chico de Cerdeña, Giuseppe. Los dos estaban protagonizando una historia muy bonita que iba cogiendo buena forma con el paso de los días.

En mi plantilla había más amigos: Vicky, mis compañeros italianos de piso o mi divertida amiga Raquel (la que hizo la paella, ¿se acuerdan?). A mi grupo de aquel entonces, se había unido también Mónica, una amiga de la infancia, de mi ciudad natal, Bilbao. Ella había venido a Dublín a aprender inglés y la suerte le acompañaba dándole un trabajo en una tienda y brindándole la oportunidad de vivir en una casa acogedora y entrañable con compañeros irlandeses. Era buena la sensación de tener la compañía de Mónica. Ella me conocía bien, éramos amigas de toda la vida. Habíamos compartido muchos momentos, sobre todo, en la adolescencia. Su presencia me ayudó a conectar otra vez con el pasado que juntándolo con el presente de aquella isla, nos obsequió con salidas nocturnas y divertidas, regalándonos recuerdos entrañables. Mónica me sirvió como bastón de apoyo, sus ojos miraban la vida desde una lente más práctica, mas detallada. Charlar con ella me hacía ver toda esta historia desde la perspectiva de la racionalidad. Su carácter amistoso embriagó la ciudad e hizo que ella tuviera una experiencia positiva la cual comenzó en la casa en la que yo me encontraba hasta que ella topó con su rincón en la cuidad. Todos ellos: Gema, Vicky, Mónica, mi hermana, Rocío, los italianos... Todos, siguieron mi historia con aquel chico llamado Federico al detalle y se preguntaban si era un espejismo de una ilusión o si realmente era algo que se pudiera palpar.

Vicky era otro personaje presente en mi día a día; una chica explosiva, con el pelo abultado y unas cejas bien perfiladas que marcaban una mirada felina y sugerente. Una amante de los tacones. Ella sabía perfectamente lo que le quedaba bien y lo que no le favorecía. En la oficina, Vicky se sentaba cerca de mi puesto de llamadas pero hasta el momento no habíamos entablado conversaciones demasiado profundas. Un día quedamos para comer en un restaurante indio cerca de George Street. Pedimos aquel rosado y dulce chicken tika massala y mojando el pan de "naans", hablamos de posibles destinos a los que viajar después de nuestra vida en Dublín. En aquella animada conversación ya comenzamos a conocernos mejor, y después de tomarnos el té, sellamos la idea de irnos a vivir a Palma de Mallorca algún día. En ese momento pensamos en que sería una posibilidad pero ninguna de los dos realmente creíamos que esto pudiera llegar a ocurrir. Después de esa conversación, nuestras vidas siguieron guiadas por la rutina. Yo seguía esperando noticias de Federico y mientras tanto decidí aprovechar mi estancia en Dublín para reforzar mi inglés, cambié de trabajo y firmé un contrato para trabajar en aquella tienda de ropa de Temple Bar, llamada "Urban Outfitters", un paraíso tentador para los amantes de la moda con tendencias bohemias. Los meses iban pasando y yo cada vez me daba más cuenta de que Dublín ya no era mi lugar. Un día se lo comenté a mis compañeros de piso; Valeria, Riccardo y Danielle, y una vez dada la noticia, el concepto de marcharse empezaba a palparse como si de un hecho real se tratara. Mis tres compañeros intentaron en una de nuestras cenas que cambiara de opinión, sobre todo, era Riccardo quien me dijo que me iba a echar de menos. A pesar de nuestras diferentes personalidades y opuestas maneras de hacer las cosas, y teniendo en cuenta que Riccardo era el que me recordaba que tenía que aclarar mejor los vasos, la convivencia había creado una firme y sólida amistad, como la base que da la harina al pan. De Valeria también iba a ser difícil despedirme ya que éramos las dos chicas de la casa. Ahora le dejaría sola con los chicos y eso le asustaba un poco, me tranquilizaba la idea de que iba a ser ella quien se quedara con mi habitación, y creo, que nunca quitó el gran póster de girasoles que dejé en mi pared. Danielle, un chico divertido y bonachón, entendía un poco más mi decisión debido a su espíritu aventurero. Ambos sabíamos que en algún lugar del mundo nos volveríamos a encontrar para continuar nuestras fiestas. Aquella etapa de mi vida terminó con una gran despedida, un sábado noche en uno de nuestros bares favoritos de Dublín, mis compañeros de piso me regalaron un cuaderno donde a lo largo del tiempo fui escribiendo mis poemas. No fue fácil decir adiós a todos aquellos compañeros de batallas, pero yo me consolaba pensando que estaba dando un paso en firme para encontrarme por fin con Federico. Esa noche sentí literalmente en mis poros lo que dice la canción: *"Algo se muere en el alma, cuando un amigo se va…"*

Ese mismo miércoles, mi vuelo salía para mi ciudad natal, Bilbao. Ahí me esperaba mi hermana Pilar que también había regresado de su vida en Dublín, mi hermano, Juanma, y mis padres: Chity y Juan (de los que ya os he hablado). Con mis amigas me encontré aquel mismo fin de semana y las historias se me acumulaba a la hora de intentar resumir todas mis aventuras en Dublín, por supuesto el centro de la historia lo ocupaba él. Ellas escucharon atentamente mis nuevas aventuras, supongo que pensarían que estaba un poco loca, pero la verdad es que en este grupo de amigas me conocían desde el tiempo en el que llevábamos coletas y uniforme así que no creo que se sorprendieran demasiado escuchando el último capítulo de mi viaje.

Intenté regresar a mi antigua vida, cosa que no fue fácil. Es curioso como después de una experiencia viviendo en un país extranjero parece que las cosas en tu propia ciudad son diferentes. Intentaba encontrar a aquella chica que vivía en Dublín en mi Bilbao, pero era complicado ya que el paisaje y los personajes de la historia eran completamente distintos. Mi familia seguía haciendo las mismas cosas: el vermut de los domingos seguía siendo a las dos y media y las conversaciones rutinarias de política y de la vida misma seguían presentándose en nuestros momentos familiares de sobremesa. Sin embargo, yo miraba la situación desde otra ventana, como si fuera un espectador. Sabía que iba a tardar un tiempo en encontrar a aquella chica de Dublín en esa mesa familiar pero en el fondo estaba contenta de volver a estar allí, arropada y con los míos, pasara lo que pasara…

Otra vez mi maleta pisó el origen que la vio nacer.
Y es increíble lo que dijo...
Me contó que no era el mismo amanecer.
Nada había cambiado,
todo seguía igual que ayer,
lo único que mi maleta sólo tenía una forma distinta de ver.

No te asustes mi niña aventurera,
todo sigue igual aquí fuera.

Lo único que debes saber,
es que eres tú la que has cambiado,
y no el viejo y sabio amanecer...

Enseguida volví a salir con mis amigas. Acudíamos a los mismo bares que frecuentábamos antes de irme a Dublín, y ahí, nos encontrábamos con las mismas personas que formaron parte de mi capítulo de adolescencia. Era como si el tiempo no hubiera pasado, como si alguien hubiera dado al botón de "pause" y como si hubiera estado esperando mi regreso para volverse a reiniciar. En un principio esta idea no me parecía atractiva, pero de pronto aprendí a volver a disfrutar de hacer las mismas cosas y de la sensación de estar en casa. Ellas estaban allí, mis amigas de toda la vida, contentas por mi regreso al equipo, me llamaban por teléfono y me enviaban constantemente el mensaje de que estaban pendientes de mí, hecho que me reconfortaba. Ese equipo de chicas formado en el aquel colegio católico con la fachada de piedra y que hacía esquina, ese grupo de personajes entretenidos que salpicaban amistad. Simplemente, toda esta combinación, me hacía sentir bien. Ahí estaba, lo de siempre, lo que había dejado antes de marcharme... Así que el cordero recién sacado del horno decorado con sus patatas doradas volvió a coger el sabor de calidez y de satisfacción que sólo da un hogar. Era delicada la línea que cruzaba cuando contaba mis experiencias en Dublín. Por una parte, no quería que los oyentes se sintieran mal al escuchar que estaba triste por mi regreso. Pero por otro lado, quería ser sincera y transmitirles el dolor que me provocaba el haber roto esa burbuja de libertad y aventuras de la que disfrutaba en un país extranjero. Yo presentía que lo único que necesitaba era un tiempo de asimilación en mi regreso a mi cuna, a mi ciudad natal. Sólo el paso del tiempo actuaría como bálsamo y calmaría mi inquietud.

Las semanas transcurrían y yo seguía buscando salidas en aquel túnel de incertidumbre en el que me hallaba. Es asombroso como sólo el hecho de coger un avión puede cambiar tú vida. Hacía sólo unos días, yo me encontraba en Irlanda y ahora estaba sentada otra vez en aquel sofá rojo de mi casa, pensando en qué pasos debía tomar para reorganizar mi vida. Mientras tanto, seguía en contacto con Federico y él me entretenía con sus anécdotas aunque, a veces debido al idioma, no entendía todos los detalles que adornaban sus historias. Su viaje estaba resultando muy interesante y estaban conociendo muchos de los fascinantes países europeos, si no recuerdo mal, en aquel momento se encontraba viviendo en Checoslovaquia.

Un día lluvioso y monótono, sonó el teléfono. Era mi amiga Vicky, aquella compañera explosiva y rubia compañera de trabajo de Dublín. Unimos nuestras animadas voces y entablamos una conversación que duró casi una hora. Recuerdo que me reconfortó la idea de pensar que yo no era la única que estaba buscando un nuevo plan, una nueva experiencia, una nueva dirección. Vicky enseguida me recordó el proyecto del que hablamos aquel día en Dublín sobre vivir en Palma de Mallorca una temporada. En ese momento parecía una locura, las dos acabábamos de regresar a "casa" y ya estábamos pensando en irnos otra vez. Supongo que esa luz de curiosidad, de aventura, de experiencias nuevas, seguía encendida en mi, y todavía yo no me sentía preparada para continuar la rutina en mi ciudad. Después de nuestra conversación me quedé pensando y finalmente decidí que sí, que era el momento de hacer otra vez las maletas. En esta ocasión necesitaría ropa de playa en vez de un abrigo y un paraguas, así que la idea parecía más que atractiva. Después de aquella decisión, Vicky y yo nos pusimos en marcha para idear el plan. Enseguida encontramos una buena oferta, cogeríamos un vuelo y alojamiento en un hotel con pensión completa por una semana. El vuelo lo reservamos con una vuelta pasados los quince días allí, pero las dos sabíamos que cambiaríamos las fechas, o por lo menos, eso era lo que deseábamos con todas nuestra fuerzas. A pesar de que mi madre no entendía muy bien este nuevo impulso, fue ella quien me acompañó a la agencia y quien pagó el billete para este nuevo viaje…

Así que ahí me encontraba yo, otra vez en el amplio y desahogado aeropuerto de Bilbao. Un mes después de mi llegada ya estaba otra vez despidiéndome de mi familia y amigos. En el fondo todos los que me conocían no estaban sorprendidos con la noticia de mi nuevo plan, así que cogí mi maleta rumbo a Madrid y me dirigí a la puerta de embarque preparada para una nueva aventura. Me reconfortaba la idea de pensar que cuando regresé de Dublín mi familia me recibió con los brazos abiertos, y ellas, mis amigas, también estuvieron ahí, llamándome otra vez e incluyéndome en los planes. Así que yo cogí otra vez mi maleta, con la serena certeza de que si las cosas no iban bien, ahí estarían todos ellos, esperándome otra vez. En Madrid se encontraba ella, mi nueva compañera de aventuras, ese día Vicky llevaba una camisa blanca bordada con los dos primeros botones estudiadamente desatados, lucía unos vaqueros pegados y un bolso de cuero grande colgado del hombro. Su sonrisa recordaba a la de una niña traviesa con ganas de abrir un nuevo regalo que estaba envuelto de un papel brillante y colorido. Después de nuestro reencuentro, paramos a tomar un café en un lugar en la plaza del Sol, en el puro centro de la capital madrileña. Las dos estábamos entusiasmadas, impacientes, borrachas de ganas de aventura así que no podíamos esperar ni un minuto más para coger nuestro avión a Palma de Mallorca.

Mallorca, aquella soñada isla dibujada en los bordes por el Mediterráneo...

En nuestras maletas no podías encontrar demasiado: pantalones cortos, faldas, vestidos, bikinis, sandalias, un par de pantalones y camisas elegantes para futuras entrevistas de trabajo. Aquel miércoles cogimos el avión que nos conduciría a nuestro nuevo destino.

-Bienvenidos a Palma de Mallorca, hace una temperatura de treinta grados y disfrutamos de un gran día soleado-dijo el piloto en el momento del aterrizaje.

-¡Estupendo, ya estamos aquí!-dijimos las dos al mismo tiempo embriagadas de emoción.

Nada más salir del avión nos dirigimos a la cinta donde recogeríamos nuestras maletas. Seguidamente un autobús de cortesía nos esperaba en la terminal de llegadas. El hotel estaba lejos del centro de la ciudad de Palma, en una zona dominada de bares con grandes barriles de cerveza y televisiones gigantes que mostraban los partidos de fútbol de los equipos alemanes. Por las noches, aquel lugar se convertía en un paraíso de luces y diversión, y miles de turistas disfrutaban de la ansiada combinación de playa y fiesta. Entre todos ellos, nos encontrábamos nosotras, ahí estábamos Vicky y yo marcando el contraste, intentando buscar un trabajo y un piso de alquiler. Todo lo demás llegaría después...

Era curiosa la imagen que dábamos en el momento de los desayunos incluidos. Vicky y yo bajábamos a la cafetería a desayunar con nuestras sandalias de tacón, nuestras camisas mal- planchadas y nuestra raya en el ojo perfilada. La imagen de nosotras dos chocaba drásticamente con la de los turistas que mojaban sus galletas en el café con leche preparándose para un día eterno en la playa, y con la loción de sol en la mano. Definitivamente se apreciaba enseguida que nosotras tomaríamos otra dirección aquel día... Así lo hicimos, nada más terminar nuestro "cafecito" cogimos el autobús en dirección opuesta a la de nuestros compañeros de desayuno. Esa mañana llegamos al centro y fue allí donde comenzamos a explorar. Hacía mucho calor, la camisa se pegaba al cuerpo pidiendo ventilación a gritos y nuestros pies comenzaban a notar aquellas caminatas eternas por las calles principales de la ciudad. Especialmente era el pie derecho de Vicky quien pedía ayuda a gritos y al no ser escuchado o atendido por su dueña se reveló, reglándole a Vicky una no muy atractiva y molesta ampolla. Dejamos las dos nuestros curriculums en la mayoría de agencias de trabajo temporal que encontramos a nuestro paso. La ciudad lucía un color espectacular. El centro de Palma con aquellas calles pulidas y bien organizadas, mostraba una perfecta fusión entre turistas y residentes. El centro estaba ordenado, limpio y los personajes iban y venían. La elegancia se palpaba en las vestimentas de aquellas personas, contrastando con las floridas y fosforitas ropas que lucían los diversos turistas que se amontonaban a la orilla del mar….

Como parte del plan, también hacíamos paradas en las inmobiliarias para conocer el sistema de alquiler de un piso por el centro. Uno de esos días, el calor y el cansancio hicieron su aparición a las dos del mediodía y ahí decidimos darnos un descanso para comer. Nos sentamos en una terracita de la calle principal. Las calles de asfalto olían a mar así que se podía palpar en el ambiente la cercanía de la playa. Sin embargo, Vicky y yo estábamos demasiado concentradas en nuestra misión así que nos comimos un bocata y seguimos nuestra ambicioso proyecto de búsqueda de empleo y piso….

-Que cansancio, vaya día mas agotador, vayámonos a dormir- sugirió Vicky con los ojos rasgados por el agotamiento.

A la mañana siguiente la dinámica fue la misma, desayunar rodeadas de flotadores y palas de playa, coger el autobús dirección centro y caminar sin parar por las calles. De nuestras visitas y paradas en las agencias de empleo, obtuvimos la impresión de que no iba a ser fácil encontrar lo que buscábamos…

Después de varias conversaciones con diferentes personas, encontramos una posible oportunidad de trabajar en una agencia de viajes online, las dos habíamos estudiado la carrera de turismo así que parecía una buena idea. Hicimos un par de entrevistas y nos volvieron a citar para un tercer encuentro con los directores de la agencia de viajes. Al día siguiente, Vicky y yo fuimos a desayunar. Como parte de mi rutina cuando tomo un café y un bollo en una cafetería, busqué el periódico local. Esta ha sido siempre una costumbre heredada de mis padres. Después de nuestro desayuno salimos dirección a la oficina donde nos entrevistarían. Llegamos con antelación a la cita así que decidimos hacer tiempo en un parque que se encontraba cerca de aquel lugar. Ahí nos topamos con dos columpios y decidimos regresar a la infancia cogiendo impulso para liberar un poco del estrés acumulado. Ese empujón nos vino muy bien así que ya más relajadas, nos dirigimos hacía la puerta principal de aquellas inmensas oficinas. Ambas cruzamos los dedos para que nadie nos hubiera visto balanceándonos en los columpios unos minutos antes de entrar con tacones y con caras de chicas responsables. La entrevista fue breve, treinta minutos más tarde ya estábamos fuera otra vez, debajo de aquellos latentes rayos de sol. Las dos teníamos una buena intuición pero también sabíamos que ambas gozábamos de dos mentes soñadoras y optimistas que no siempre se sentían correspondidas con la realidad. La verdad, es que hacíamos un buen equipo salpicado por el positivismo y probablemente por nuestra inocencia de aquel entonces.

Cogimos nuestros bolsos pesados por las carpetas repletas de planos, curriculums y diversa información y nos dirigimos a un banco de la esquina a esperar la llamada. Desafortunadamente el teléfono no hacía acto de presencia así que emprendimos un paseo invitando al tiempo a que pasara de una forma más veloz. En nuestro paseo encontramos una inmobiliaria que tenía una oferta de un piso de alquiler justo en la zona donde estábamos buscando, el precio parecía razonable así que decidimos entrar a preguntar.

Piso en el centro, económico. Con dos habitaciones,
un baño y una cocina amueblada.
Consúltenos para más información

Al otro lado de la mesa, nos encontramos con una mujer de mediana edad, menuda y sonriente. Las piernas le colgaban sin poder tocar el suelo, llevaba un traje negro para reducir su "look" aniñado. Le explicamos nuestra situación y ella no podía creerse cómo habíamos sido capaces de presentarnos en la ciudad en busca de una vida de ensueño. Lo que más le preocupaba a esta mujer era que no teníamos trabajo, para la agencia este requisito era indispensable a la hora de alquilar un piso… De repente, milagrosamente sonó el teléfono, Vicky y yo nos miramos, yo salí de la oficina para contestarlo y …

-¡Si, el trabajo es nuestro!-anuncié en mi regreso al encuentro.
-Bien, entonces ahora si que podemos empezar a hablar-Comentó la mujer de una manera sonriente.
-Justo a tiempo, suspiramos-. Parecía que de momento las estrellas nos acompañaban.

Sí, después de una semana de nervios, ya teníamos buenas noticias que celebrar, finalmente habíamos conseguido lo que nos propusimos al tocar tierra en la isla. Ya teníamos piso y trabajo, éste último era temporal por un mes, pero ya era algo. Esa noche decidimos regresar al hotel para darnos una ducha y cambiar nuestras camisas inmaculadas por un atuendo más festivo.

-Sí, finalmente vamos a poder conocer la marcha y ambiente de la ciudad-pensamos….

Esa noche lo pasamos bien, estábamos invadidas por la alegría del momento y nos sentíamos como dos niñas traviesas descubriendo un parque de atracciones, esa buena sensación hizo que no regresáramos al hotel hasta las seis de la mañana. En esas horas de oscuridad, disfrutamos de la marea festiva y dejamos que el plan de la diversión se colara en nuestras ocupadas agendas de los últimos días. Parecíamos dos colegialas, contentas, animadas y dispuestas a poner en marcha esa vida que iba cogiendo forma como si de arcilla se tratara. El lunes posterior a aquel entretenido fin de semana, nos despertamos temprano y fuimos decididas a firmar el contrato de trabajo. Las condiciones que estábamos firmando no eran exactamente un sueño de hadas pero para aquel momento de necesidad, cualquier contrato parecía convenirnos. El mayor problema se presentaba en la poca duración del trabajo, como máximo, estaríamos allí cinco semanas. Después de firmarlos, el director nos dijo que había una posibilidad de alargarnos el periodo laboral. Ambas cruzamos los dedos….

El día despés empezamos a trabajar. Entramos en la oficina y las llamadas invadían aquel salón de reservas de viajes. Los teleoperadores trabajaban sin descanso, la música de las llamadas era constante y todos los allí presentes observaban nuestra entrada mientras tecleaban y acercaban sus voces a los pinganillos. La directora de la agencia nos mostró a Vicky y a mí los que iban a ser nuestros puestos de trabajo durante las siguientes semanas; dos mesas sencillas y apartadas del resto del grupo. Enseguida ella y yo nos sentamos, cogimos un interminable listado de clientes y empezamos a hacer las llamadas sobre las promociones de la temporada.

Durante esas semanas, Vicky y yo no paramos de trabajar y en nuestros ratos libres nos dedicábamos a decorar la casa. Era una jornada agotadora, nuestras voces se debilitaban según iba pasando el día. Las llamadas que teníamos que realizar eran constantes e interminables pero en ese momento, ambas estábamos contentas de estar sentadas en esas sillas con el pinganillo otra vez colgado de nuestra oreja. Ya habíamos empezado a vivir en nuestra nueva casa. Habíamos pasado ya dos días en ella y fue ahí cuando ambas protagonizamos una divertida escena; una de nuestras primeras noches, esperando ya dormir en nuestras nuevas camas, no pudimos encontrar la calle del apartamento cuando volvíamos de comprar nuestra cena nos perdimos por las callejuelas de la ciudad y tardamos una hora en encontrar nuestro nuevo hogar. Ese día decidimos siempre coger el mismo camino a "casa".

El nuevo hogar era arcaico pero al mismo tiempo acogedor, en el salón había unas cortinas de color marrón salpicadas por unas grandes flores sesenteras que delataban el paso del tiempo. El sofá también tenía un color triste y apagado con tonalidades grises y marrones. La cocina estaba pasada de moda pero era funcional, sin demasiados lujos. Nuestras habitaciones eran muy corrientes y simples, pero lo bueno de esta combinación, es que el conjunto resultaba agradable a pesar de su sencillez. En mi cuarto había un pequeño balcón y ambas habitaciones presumían de un espacioso armario.

Los fines de semana, Vicky y yo nos alejábamos de la ajetreada ciudad y cogíamos a menudo el autobús que nos llevaba a la playa más cercana. Teníamos que cogerlo en la plaza del centro de la ciudad, un autobús decorado de toallas de colores, sandalias y carritos de bebés. Todos los allí presentes hacíamos un puzzle para poder sobrevivir al trayecto. El calor hacía acto de presencia en todo momento pero por las noches una brisa placentera se posaba en el ambiente dándonos a todos un descanso después de las intensas y calurosas horas matutinas. Por las noches, el calor reposaba y las cucarachas salían al asfalto buscando una salida al bochorno.

Entre llamada y llamada, yo seguía en contacto con Federico. Los días pasaban a gran velocidad y yo temía que el tiempo se interpusiera entre nosotros como un enemigo implacable. Afortunadamente, no era así, parecía que los dos seguíamos deseando encontrarnos y esta idea me daba la seguridad de que él a pesar de su emocionante viaje por Europa seguía participando en el plan de estar juntos. Los emails se intensificaron, nos escribíamos en un nuevo idioma basado en una mezcla entre italiano, español e inglés. Yo pasaba las horas en el locutorio cerca de nuestra casa y allí procuraba contactar con él, ya fuera por teléfono o vía email. Parte de mis ahorros se quedaban al otro lado del mostrador, atendido por un argentino emprendedor que había montado el negocio hacía ya dos años.

Aquel día era miércoles y después de una agotadora jornada de llamadas, Vicky y yo nos fuimos a tomar un café a nuestro lugar favorito. Era una cafetería con una amplia terraza interior decorada con una fuente relajante situada en el centro que recordaba a los místicos jardines de estilo árabe. Las mesas y las sillas se alineaban rodeando la caída del agua de una fuente de piedra que decoraba el epicentro de la terraza. Los camareros servían elegantemente a los clientes con sus vestimentas dominadas por los colores blanco y negro.

Como alguien me dijo una vez:
- *" Si no tienes dinero, siempre puedes tomar un café en un lugar lujoso y jugar a soñar que lo tienes…".*

Este era nuestro momento de relajación, a Vicky y a mí nos gustaba saborear nuestro café con hielo con una gotita de Baileys para endulzar el amargo sabor del día. En estos momentos ella y yo aprovechábamos para hablar de cosas que iban mas allá de las preocupaciones sobre el trabajo, sobre el dinero o sobre nuestra situación actual. Ahí nos dábamos tiempo para reflexionar, para pensar sobre cosas más profundas y mientras tanto yo le iba contando mis nuevos planes con Federico. Entre sorbo y sorbo inesperadamente el teléfono de Vicky interrumpió el momento de tranquilidad. Era su novio que desde Madrid anunciaba su decisión de venir a vivir a Palma, con nosotras. Vicky y él llevaban muchos años saliendo y parecía que se conocían muy bien, sin embargo, el último año ambos habían estado separados y la situación empezaba a marcar la distancia entre ellos dejando latir las diferencias de personalidad. Al terminar la llamada, Vicky no sabía si estar contenta por la noticia o si empezar a preocuparse por la llegada de cambios a nuestras vidas. Hablamos mucho tiempo de la nueva situación. Él llegaría en dos semanas así que teníamos unos días para idear el plan.

Oda a mi persona,
llamando a mi Ser.

Aprende a quererte más fuerte,
que tú eres lo más sincero que puedes tener.

Oda al amor propio,
llamada a mi ser, a ser una persona
que se quiere,
y a la que sepan cómo querer.

Esas dos semanas pasaron rápido, así que Jaime llegó a nuestras vidas con una sonrisa picarona. Vicky al principio estaba tensa ya que llevaban mucho tiempo separados. La nueva situación provocaba momentos de incertidumbre, confusión y nervios. La relación se convirtió en una combinación de idas y venidas, de momentos dulces y amargos, de días claros y oscuros. Los dos intentaban que las cosas funcionaran y luchaban por recuperar los momentos de una etapa anterior. Él encontró trabajo en el aeropuerto, en la misma compañía donde Vicky había empezado su segundo trabajo hacía menos de quince días. Mientras tanto, yo estaba buscando trabajo otra vez, ya que habíamos terminado nuestra lista de clientes a los que llamar y la empresa no nos había renovado el contrato. Me empecé a sentir sola, ahí estaba en una isla, sin trabajo en el que sumergir mis preocupaciones y pensado en Federico mientras Vicky y Jaime buscaban soluciones de reencuentro. Por fin, una noche Federico me llamó y me alegró aquel momento anunciando su llegada. Vendría a Palma y se quedaría conmigo por lo menos un mes. Ésta sí que sería una oportunidad para los dos de conocernos mejor y saber si realmente todo este esfuerzo merecía la pena. Mi motivación de seguir buscando trabajo se duplicó así que enseguida encontré una consulta donde necesitaban una secretaria. El quiropráctico que dirigía el centro era una persona poco flexible y estricta pero tenía una cara amable y entrañable con todos sus pacientes. Era curioso ver en primera fila la capacidad que podía tener una persona de presentar dos personalidades opuestas según fuera conveniente. En ese momento, este hecho no me afectaba, ya que yo estaba concentrada descontando los días para la esperada llegada de Federico así que hacía mi trabajo de una forma rutinaria y constante para que el tiempo pasara más rápidamente…

Ese día llegó, mi cuerpo parecía una coctelera agitada por las emociones y los nervios combinados con una ganas insuperables de verle y de estar con él. Habíamos dejado atrás muchas llamadas y emails esperando y planeando ese momento. Finalmente, yo me encontraba en la sala de llegadas, agitando mis dedos y mirando mi rostro reflejado en los cristales para comprobar que todo estaba en su sitio. En ese instante, le vi entre la gente y no pude evitar correr en su búsqueda, había pasado mucho tiempo desde nuestro último encuentro en la apasionante y monumental ciudad de Roma, donde yo le había ido a visitar antes de venir a Palma a vivir. Federico posó su gran mochila. Abrió sus brazos y yo pude experimentar esa sensación de equilibrio y bienestar que tanto echaba de menos. Él había perdido mucho peso, los músculos trabajados por los deportes que lucía la primera vez que le conocí habían desaparecido y su masa corporal había disminuido visiblemente. Sus piernas ya se perdían en esos gigantes pantalones y su cintura estaba rodeada por dos vueltas que daba el cinturón. A pesar de sus kilos menos, él estaba radiante, feliz (que iba a pensar yo, claro)... Después de ese abrazo y ese momento de reencuentro, nos pusimos en camino y pronto llegamos a la casa donde estaban ellos esperándonos. Fue bonito palpar ese instante en el que todos estábamos contentos, juntos y disfrutando mientras intercambiábamos historias de nuestros viajes sucedidos en los últimos años. Fede y yo enseguida nos retiramos buscando un momento de tranquilidad. Era muy reconfortante la sensación de tenerle cerca. Ambos cogimos una botella de vino, unas lonchas de jamón serrano para ponerlas entre pan y pan, unas toallas y nos fuimos de picnic a la playa.

Pasaron las horas...

Durante el día yo trabajaba y Federico paseaba con un gran libro de gramática de español debajo del brazo. Por las tardes nos encontrábamos y disfrutábamos de cenas caseras. El intentó buscar trabajo pero era complicado debido a su nivel del idioma, así que decidió disfrutar de esos días, olvidarse de las preocupaciones y centrar parte de sus fuerzas en recuperar su afición por la pintura y su pasión por plasmar edificios y paisajes sobre papel. Entre los dibujos que metió en su carpeta, se coló una réplica espectacular de la bella y gótica Catedral de Palma.

Federico se encontraba en un momento de inspiración, tenía tiempo libre así que siguió añadiendo bocetos y pinturas a su colección. Para él era frustrante no hablar castellano pero esa sensación le hacía aprender a comunicarse de una forma galopante. El es bueno con los idiomas, probablemente le haya ayudado su niñez bilingüe entre una mamá americana y un papá italiano. Para Fede, un tercer idioma era un reto divertido de afrontar. El descubrimiento de la nueva cultura y de las gentes dibujaba una enorme sonrisa en su rostro. Este viaje en este capítulo de su vida estaba convirtiéndose en un descubrimiento interior personal, había estado ocupado los últimos años viviendo en Estados Unidos así que ese reencuentro con Europa, con los distintos idiomas y las diferentes culturas era para él un dulce y placentero momento.

Los días transcurrían en Palma pero se empezaba a palpar que aquella situación de vivir en aquella pintoresca ciudad no iba a ser algo permanente para ninguno de nosotros. Según iban pasando las noches, se intensificaban las connotaciones de aventura pasajera para nosotros cuatro. Los planes iban cambiando de una forma precipitada y Vicky nos anunció un día que Jaime y ella habían decidido regresar a Madrid. En ese momento de pánico yo no veía la posibilidad de mantener sola el piso, pero afortunadamente unas horas mas tarde, surgió la oportunidad de mudarnos a casa de una amiga. Así que las semanas se fueron sucediendo una tras otra, yo tenía ya dos trabajos pero siempre encontraba momentos en los que me podía escapar para encontrarme con Fede. Vicky y Jaime regresaron a la capital según lo anunciado y Federico y yo nos mudamos a casa de nuestra amiga. Fueron momentos de eventos importantes, pero ahí aprendimos que los dos formábamos un buen equipo a pesar de la agitada marea.

Fede y yo seguimos nuestro ritmo, el aprovechó esos instantes para apuntarse a unos cursos de pintura y así recuperar su talento de plasmar paisajes y edificios en papel con su juego de acuarelas. También aprovechó para estudiar los verbos y se concentró en el complicado uso del subjuntivo. Era bonito disfrutar de esos rayos de sol, la Catedral de Palma lucía más bonita que nunca. Ambos intentábamos no pensar demasiado en la situación y aprovechar el momento. Sin embargo, en el fondo los dos sabíamos que esa aventura no duraría mucho ya que ninguno teníamos una estabilidad económica. Esta situación ofrecía un breve espejismo de felicidad pero era algo temporal. Un día Federico y yo decidimos hablar del siguiente paso, no tenía sentido continuar en Palma ya que él llevaba un año viajando y había llegado el momento de regresar a Boston. Por mi parte, la sensación de volver a la rutina no me resultaba atractiva, aunque sabía que era lo único que correspondía dadas las circunstancias. Compramos los billetes para Bilbao y planeamos un viaje por el norte de España como despedida. Mis padres finalmente conocieron a Federico y a pesar de la diferencia de idiomas hubo una conexión y un entendimiento al verme tan feliz y convencida. Como todos, ellos también tenían sus dudas sobre cómo iban a suceder las cosas, pero nadie podía hacer nada más que esperar a ver cuál sería el siguiente capítulo. Federico tenía su vuelo reservado para Boston una semana más tarde, así que decidimos irnos de camping por Asturias y nos quedamos maravillados del paisaje verde y de la combinación de la sidra y del queso de oveja de la tierra. El viaje fue muy divertido y ambos evitábamos las conversaciones serias y reflexivas. Sólo éstas llegaron dos días antes de su vuelo. Habíamos estado en esta situación de separación en otros momentos pero esta vez era diferente, él regresaba a su vida anterior en Boston y yo me quedaba otra vez en mi ciudad a averiguar mi próximo destino. La situación era complicada de sobrellevar así que me despedí de él en el aeropuerto y ninguno de los dos pudimos darnos la vuelta para vernos marchar, al menos, eso es lo que me pareció. Federico regresó a Boston y yo cené esa noche con mi familia como símbolo de vuelta a la rutina…

Érase una vez una persona idealista
que su ideal de vida era tener un castillo en el mar con vistas...

Trabajaba todos los días en busca de ladrillos
y cuando casi lo había conseguido,
todo se cayó abajo por no poder construir
un sueño que en vida no se podía vivir...

Dedicado a los soñadores frustrados:
Cuidado con los sueños lejanos,
cuya construcción nunca estuvo en sus manos.

Soñadores: Nunca dejen de soñar,
pero por Dios, háganlo cuando se acaben de despertar.

Dedicado a los soñadores frustrados:
Acuérdense del caballero que casi consiguió un castillo
pero que una fuerte tormenta le dejo todo en suelo llano.

Sueñen con los ojos abiertos,
sí, háganlo, pero con cuidado...
Porque no hay nada más doloroso que no ver realizado un
sueño frustrado.

AQUI ESTAMOS OTRA VEZ...
TERCERA PARADA: BILBAO

Olía a lluvia, se palpaba el frío, y el sabor a soledad era amargo y venenoso. Los días transcurrían, y a pesar de mi constante esfuerzo por encontrar un significado al retorno a mi ciudad, el plan no acababa de cobrar sentido. Los segundos, las horas, los minutos se sucedían marcados por el monótono ruido de la aguja del reloj del salón. Las escenas y los personajes se repetían día tras día. Mi madre seguía disfrutando de sus galletas mojadas en café mientras tejía chaquetas rosas de lana, y mi padre continuaba su ritmo de vida pendiente de las llamadas emitidas del extranjero. Ambos estaban tranquilos sabiendo que yo había vuelto a casa, era buena la sensación provocada por mi regreso. Mi hermano en esos momentos se encontraba disfrutando de su condición de estudiante universitario en la gran capital, Madrid, y Pilar, mi hermana, estaba envuelta en la toma de decisiones necesarias para la celebración de su boda. Era satisfactoria la sensación de sentirse protegida en el nido otra vez, sin embargo, había algo incompleto, un ingrediente necesario en la receta, una palabra requerida en una conversación, un vaso de agua en un momento de sed… Algo faltaba….

Federico y yo manteníamos el contacto constantemente y fue divertido apreciar que después de su paso por Palma de Mallorca sus emails habían cogido otro formato. Ahora estaban dominados por palabras en castellano. El intentaba restablecer su vida en Boston y mientras tanto iba tomando decisiones prácticas; como la compra de un coche, la aceptación de un trabajo temporal y la apertura de una nueva cuenta bancaria de ahorros. Al otro lado del charco, estaba yo, intentando encontrar la salida a ese laberinto, y fue así, como un día decidí coger un vuelo e ir a visitarle. Llegué a Nueva York después de un largo e interminable trayecto. Pasamos dos días en la exuberante y luminosa ciudad. Yo observaba la escena como si pasara ante mi una película. Visitamos los lugares más conocidos, fuimos a Manhattan, subimos al "Empire State building"… La ilusión de estar juntos nos regalaba altas dosis de energía. El simple hecho de darle la mano por aquellas emocionantes calles, me encogían las entrañas deseando poder parar el tiempo. Después de la fugaz visita a la "gran manzana" cogimos un autobús y nos dirigimos a Boston. Hacía mucho frío cuando llegamos, y los fontaneros de la ciudad se frotaban las manos recibiendo las llamadas de los clientes desesperados que buscaban soluciones a sus tuberías desquebrajadas por la bajada de las temperaturas. En nuestros paseos por las ciudad, yo miraba hacía arriba maravillada por aquellas filas de edificios que se alineaban creando una perfecta y asimétrica combinación. Las personas eran diferentes, la variedad y la diversidad hacían su presencia dándole a aquellos lugares combinadas tonalidades asiáticas, africanas o caribeñas. Las calles formaban un abanico de posibilidades y el momento de elegir un lugar donde comer se convertía en un gran dilema ya que había muchas sensaciones nuevas para mí y muchos sabores que probar. En mi visita, conocí un trocito de su vida, tuve mi primer encuentro con su madre, donde conocí a una mujer interesante y que me llenaba de curiosidad por saber más sobre ella. Finalmente pude poner caras a los personajes de los que me hablaba Federico diariamente. Mi estancia en Boston fue muy especial, el reencuentro fluía con normalidad y las ganas de un plan para llevar a cabo esa relación ocupaban gran parte de nuestras conversaciones. Yo miraba con curiosidad a aquel chico que estaba enfrente de mi, era el mismo chico que había conocido en Europa pero a veces me costaba reconocerle viéndole en aquel nuevo escenario, hablando inglés con completa fluidez y con voz más grave, y llevando una gorra que concordaba con la escena. Era muy interesante, la misma persona, viviendo no como europeo sino como un americano más, esta combinación me llamaba la atención e indudablemente añadía un toque sexy a aquel personaje.

-¡Bien, entonces, tú volverás a España, buscarás una ciudad donde te sientas cómoda y yo iré a vivir contigo cuando estés ubicada!-dijo Federico con tono convincente-.

Ahí nos encontrábamos, otra vez en un frío aeropuerto, el dulce puesto de Dunkin's Donuts estratégicamente colocado a la entrada del control de equipaje no consiguió esta vez distraernos de esa amarga despedida. Federico me recordó nuestro plan y cogí mis maletas intentando averiguar cuál sería nuestro próximo encuentro. Me moría de ganas por saber si realmente conseguiríamos comenzar una vida juntos en una ciudad de España. Me armé de valor ante la insistente llamada de la persona de seguridad, cogí mi pesada maleta, mi bolso y me quité los zapatos para ponerlos en la cinta. Esta vez tampoco miré hacia atrás, y volví a suponer que él que tampoco lo había hecho….

Ha llegado la hora de partir,
vamos maleta, sé que te pesa la idea de irse de aquí.

Llegamos hace quince días y cuando realmente me di cuenta de
haber llegado,
es cuando regresa el momento no deseado.

Ha llegado otra vez la hora de partir,
por favor, destino: No me dejes ir.

Venir, sentir y ser feliz…
Y otra vez, volver a partir…

A diferencia de a otros, a mí siempre me ha gustado volar, la idea de encontrarme en un avión despierta en mí un sentimiento aventurero y una idea de volver a empezar a la llegada en mi destino. Ese vuelo duraba seis horas y ese fue el tiempo que dediqué a pensar en nuevas estrategias y nuevos planes para empezarlos en el instante en el que posara mis pies otra vez en mi ciudad, Bilbao. Muy temprano por la mañana, me vino a recoger mi padre, él me esperaba con su característica sonrisa y su personal gesto de preocupación que consta en pasarse la palma de la mano por la parte superior de la cabeza, a veces, me he preguntado si esa sería una de las razones por las que él ya luce una peculiar calvicie. El me ayudó a poner las maletas en el coche y condujimos de regreso a casa. En ese momento hice un resumen de mi estancia en Boston y me di cuenta de todas las cosas que nos había dado tiempo a hacer en una sola semana. Por supuesto, mi padre no quería escuchar todos los detalles e imagino que tenía miedo a que inconscientemente yo le diera detalles que él prefería no saber. Mi padre siempre ha temido la facilidad que yo tengo de desnudar los mensajes y lanzar mis ideas con absoluta claridad y sin tapujos. Esta vez, cuidé lo que quería transmitirle y me guardé como secreto la idea de buscar una ciudad y empezar una vida allí con Fede.

Mi madre me esperaba en la cafetería donde habitualmente ella disfruta de sus desayunos. Yo entré en el lugar y sabía perfectamente que ella estaría en la cuarta mesa empezando a contar desde la entrada del establecimiento, allí se encontraba ella, tal y como yo esperaba, con sus pequeñas gafas con dibujo de leopardo sujetadas por la punta de la nariz a modo de precipicio y su periódico del día abierto en la sección de alquileres y compras de pisos. Me senté enfrente de ella, mientras mi padre regresaba a la oficina, me pedí un café con leche, un calentito pintxo de tortilla y le conté mi viaje…

La ciudad de Bilbao lucía más elegante que nunca. El Museo Gugenheim construido en mil novecientos noventa y dos por el arquitecto canadiense Frank O. Gehry había regalado a la ciudad un nuevo estilo moderno y contemporáneo. Los nuevos proyectos arquitectónicos iban naciendo y creciendo alineados a los alrededores del Museo como si de un templo de referencia se tratara. La innovadora cubierta del Museo dominada por aquellas plateadas y relucientes planchas de titanio provocaban un efecto nuevo en la ciudad. A partir de la construcción de este significante edificio, Bilbao había empezado una carrera de construcción y los edificios se levantaban tan fácilmente como si alguien estuviera estirando de un hilo desde el cielo consiguiendo estilizar los altos y erguidos bloques que se iban construyendo a ese lado de la Ría. Los bilbaínos disfrutaban de sus nuevos paseos por esa zona contemporánea y mientras tanto, el tranvía gozaba de sus innovadores trayectos llevando a los viajeros a disfrutar de los nuevos paisajes, siempre rodeados de esas alegres verdes montañas. Esta ciudad me había dado una bonita y calurosa bienvenida. Ahí estaban ellos otra vez; mis amigas de toda la vida y mi familia, tal y como yo imaginaba, ahí estaban todos. Las barras de los bares de Bilbao vestían de fantásticos colores guiados por el pimiento rojo, la aceituna y el blanquecino color de la mayonesa. Ahí estaba Mónica otra vez, una de mis compañeras de batallas, una chica sincera de ideas claras y una buena amiga de sus amigas, a su lado, Laura, mi amiga Laurita, la que siempre me hacía compañía en los momentos altos y en los momentos más bajos de todo este trayecto. También estaba María, a la que le debía mis esporádicos sobresalientes en mi etapa escolar y a la que debía también muchas cosas más, Cintia, con su contagiosa sonrisa que me cuidó mucho en esa etapa, Leticia, con sus divertidas y alocadas ideas. Ahí estaban ellas, y con ellas, otras buenas diez amigas más. Enseguida volvimos a encontrar la forma de pasarlo bien juntas. Los sábados salíamos por los bares que ya conocíamos y caminábamos por el asfalto de la ciudad con seguridad, con la confianza que solo da la sensación de lo conocido.

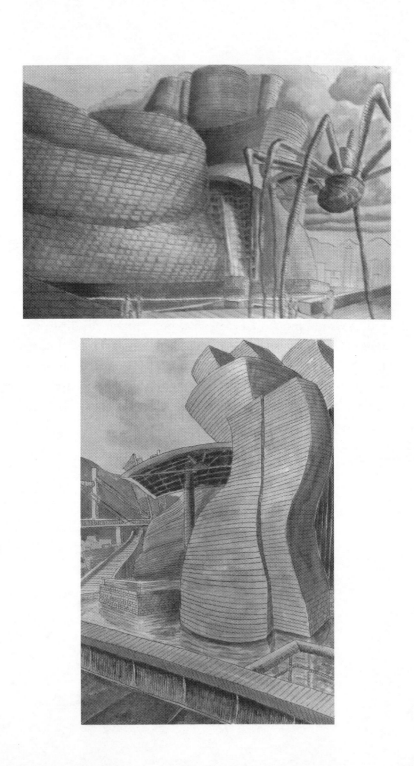

A pesar de la calidez de la ciudad y de los personajes de este escenario, a pesar de ese buen formado conjunto de elementos, la escena no era la que correspondía a ese momento de mi vida. Fede y yo necesitábamos un lugar donde partir de cero y donde él pudiera tener más oportunidades de encontrar trabajo. Después de pensarlo durante unos días, volví a hacer mi maleta y la cargué en el compartimento del autobús. La dirección: Madrid, la capital. Allí me esperaban Gema y Giuseppe, (imagino que les recordaréis del capítulo en Dublín), ambos me abrían las puertas de su casa para empezar una nueva etapa. En la gran ciudad, también se encontraba Juanma, mi hermano, estudiando en la universidad, el hecho de saber que estaba ahí me tranquilizaba.

Cielo azul cristalizado,
he tenido un sueño contigo a mi lado.

Soñé que me reprimías por haberte abandonado.

Recuerdo que el lugar que cubrías
era un paisaje admirado.

Aquella ciudad verde, elegante y generosa
que me dio la alegría con sus espinas que da una rosa.
Ya no me conformo con ese tono,
como alguien dijo un vez: Ahora busco más poesía que prosa.

Por eso debo abandonarte,
porque en esta pequeña ciudad
nunca habría encontrado el saber...
El conocimiento de la persona que forma mi ser.

Cielo azul cristalizado,
he dejado las montañas lejos
pero jamás pasarán a un lugar olvidado.

Iré de vez en cuando
para que podáis conocer,
la nueva persona formada en otra ciudad,
distinta a la que le vio nacer...

Los principios en mi nueva aventura no fueron fáciles, afortunadamente contaba con el apoyo de Gema y Giuseppe, los cuales habían superado con éxito la prueba de convivencia en Dublín y este logro les había llevado a comenzar un nuevo capítulo en Madrid. Ellos me acogieron en su casa como si de una hija pródiga se tratara. Nunca olvidaré lo importante que fue para mi el apoyo que me ofreció esta pareja, fue como estar montada en un columpio y recibir sus energéticos empujones en mi espalda. Con este impulso empezaba a construir una vida en la nueva ciudad y así podía seguir con mi plan mientras Fede y yo quedábamos para llamarnos y hablar por las noches (las diez de la noche en España y las cuatro de la tarde en Boston).

Madrid seguía su ritmo frenético. Las calles de la Gran Vía lucían diariamente sus mejores galas marcando moda en sus esquinas. Los autobuses, el metro y demás transportes funcionaban con regularidad siguiendo el fugaz estilo de vida de los habitantes y visitantes de la capital. El amplio abanico de posibilidades en restaurantes, museos, parques y otras actividades regalaban a la capital un carismático y cosmopolita estilo de vida que sólo podía seguirse con un trabajo estable y una economía en el hogar organizada. Uno de mis lugares y momentos favoritos era el parque del Retiro los domingos, donde todos nos encontrábamos en el mismo lugar buscando un contacto con la naturaleza y donde diferentes posibilidades se daban cita en aquel activo rinconcito de Madrid. En la parte trasera del parque, a las orillas del estanque, los domingos se reunía un grupo de músicos y personas con ganas de pasarlo bien, y juntos fusionaban un ritmo de bongos y tambores y movimientos de cadera.

Madrid lucía un color especial por las noches, la ciudad no dormía y la actividad nocturna seguía latente. Los bares encendían sus atractivas luces para invitar a los paseantes a entrar y así llenar sus locales independientemente del día de la semana en el que se encontraban. La Puerta del Sol era un punto de encuentro para muchos y ésta era una de las razones por las que este lugar siempre estaba abarrotado ofreciendo una gran diversidad y color en cada uno de sus misteriosos huecos. Vigilando la Puerta del Sol, siempre estaba aquel oso guardián que había permanecido allí durante muchos años, un símbolo de la ciudad que si pudiera hablar nos maravillaría con las historias ocurridas en ese punto estratégico de Madrid.

En esos momento, mi día a día estaba guiado por una rutina enfocada a buscar trabajo, otra vez me encontraba ante ese reto de rehacer mi vida. Tenía mi curriculum actualizado y finalmente había añadido nueva información para hacerlo más atractivo. Sabía que me lanzaba a un mercado competitivo, lleno de oportunidades, pero también repleto de contrincantes cualificados y bien formados. Sí, la carrera en búsqueda de trabajo había comenzado otra vez y nuevamente tenía la motivación de conseguir organizar mi vida para poder compartirla. Cuando regresaba a casa, Gema y Giuseppe me esperaban en el sofá descansando de su jornada laboral y deseaban con fuerza saber si había noticias. Solíamos cenar los tres juntos, en aquella mesa redonda de madera colocada en una esquina del salón. Ellos se esmeraban constantemente para vestir bien la mesa y para que sobre ella hubiera comida rica y casera. Giuseppe solía añadirle el toque de la buena comida italiana y sin embargo, era ella, Gema, quien aportaba el toque más español. Los tres solíamos hablar de nuestro día y siempre acompañábamos la conversación con una buena botella de vino tinto. Los principios fueron interesantes, yo estaba dispuesta a aceptar cualquier trabajo a cambio de poder encontrar un piso al que mudarme y así arrancar los motores de mi nueva vida. Mientras tanto, Gema y Giuseppe se divertían con las historias que traía yo a casa, fueron varias las veces que me presenté con uniformes curiosos para trabajos temporales. Me acuerdo del día en que llevé a casa un uniforme con dibujos de animales para trabajar durante el fin de semana en un zoológico a las afueras de Madrid. Me probé el uniforme, el cual era una talla XL, es decir, tres tallas más grande que la mía, y salí al salón donde me esperaban ellos, al principio, me miraron y contuvieron la risa durante medio minuto, sin embargo, creo que fui yo la que empecé a reírme de mi misma y ahí encontraron el momento de poder soltar esa carcajada que esperaba en el fondo de la garganta buscando salida. Reímos, reímos mucho, ese fue el principio de mi vida en la gran ciudad y estaba a dispuesta a cualquier cosa con tal de poder ganar algo de dinero para empezar...

Uno de esos días me levanté muy temprano, era una mañana soleada con el cielo azul y despejado que caracteriza a Madrid, salí a la calle con una sonrisa alimentándome de pensamientos positivos mientras caminaba por las calles del centro. Casi instintivamente, decidí coger el metro y me bajé en la estación de Barajas. Allí me recorrí el aeropuerto y hablé con todas las personas que encontraba detrás de los mostradores. Dejé mi curriculum en las agencias de alquiler de coches, en las distintas compañías aéreas, en los puestos de información. Después de pasar dos horas cruzándome con los turistas que caminaban concentrados para no perder su rumbo, me fui a casa con la buena sensación de haber pasado un día productivo. Finalmente, recibí una llamada al día siguiente.

- ¿Podrías empezar a trabajar la semana que viene?-me preguntó una dulce vocecita.

Confirmé enseguida mi disponibilidad y quedamos en que iría a su oficina aquel martes a firmar el contrato. Esa misma mañana, me sentí más ligera, más feliz, con ganas de verles a ellos para contarles las buenas noticias. Finalmente había encontrado un trabajo y parecía que éste iba a darme la fórmula para comenzar a construir mi vida otra vez. Gema y Giuseppe se alegraron por mi cuando supieron que iba a trabajar en el aeropuerto. Ahora el segundo paso era buscar un piso y así todos podíamos descansar pensando que las cosas estaban saliendo bien. Gema me acompañó una tarde a ver un piso y en el momento en el que Elena me abrió la puerta con su sonrisa, supe que ese iba a ser mi nuevo hogar. Firmamos el contrato, pagué la fianza y en una semana me fui a vivir con ellas. Elena y Diana eran unas chicas madrileñas alocadas y divertidas. Ambas trabajaban en el mundo de la publicidad y se codeaban con personajes famosos y clientes reconocidos. Especialmente era con Elena con quien entablaba largas y animadas conversaciones, éramos más parecidas en personalidad y enseguida me presentó a sus amigos y salimos varias veces de fiesta con su diminuto Smart color amarillo. Mientras tanto, yo seguía esperando las llamadas de Fede y gastaba parte de mis ahorros en tarjetas de teléfono…

Con el tiempo, conseguí formar parte de un grupo de amigos. Un grupo como inspirado en una película de Almodóvar. Una mezcla de personajes, con un toque ácido y un toque de canela. Muchos de nosotros nos habíamos cruzado en el puesto de información del aeropuerto, explicando a los clientes cómo tomar el metro de Madrid…

-Coja la línea azul hasta Plaza de España, después cambie a la línea verde y ahí estará el hotel que busca-. Así unas 100 veces al día, era un trabajo monótono pero el grupo de amigos que formamos ahí entre mapa y mapa le dio un color diferente. Un trabajo temporal pero que nos dio amigos para toda la vida. Cuando entré, enseguida conocí a Ignacio, un chico alto, con porte, con mucha clase que desprendía el rico olor de un caro perfume. En cuanto hablé con él ya me di cuenta que formaba parte de la gran mayoría de los chicos mejor cuidados de Madrid. Así, espontáneo, directo, muy claro…

-Cristina, yo no vengo al trabajo a hacer amigos-. Esta fue una de las primeras frases que me dijo. Así que enseguida me di cuenta de su gran virtud: la sinceridad.

Lo demás vino más tarde, con el tiempo. Ignacio se dejaba ver pocas veces fuera de nuestro puesto de trabajo pero cuando lo hacía, lo hacía a lo grande. Con sus problemas, sus pensamientos, sus locuras, su desenfreno. Como todos los demás del grupo, y siempre con una chispa de ironía mezclada con unas gotas de humor. Probablemente él fuera uno de los miembros del grupo que aportaba más canela.

A mí me habían asignado el turno de tarde y cuando entraba a la oficina a las dos del mediodía para ponerme el uniforme en la parte de atrás, siempre me fijaba en una chica del turno de mañana. Una chica sentada con la espalda recta, con coleta, con una sonrisa abierta pero siempre con connotaciones serias... o al menos, eso parecía. ¡Nada más lejos de la realidad!. Por fin lo conseguí y tras varios meses cubriendo el eterno y aburrido turno de tarde me cambié de turno y empecé a trabajar por las mañanas. Me había despedido de Ignacio y de mi compañero de batallas Gorka, un chico que conocía muchas historietas de la vida y que se presentaba a veces ante sus oyentes como un libro abierto. Aunque ya no trabajaríamos codo con codo por las tardes, nos seguiríamos encontrando a la hora de cambiarnos los uniformes. Todavía ahí no sabíamos que al cabo del tiempo nuestros encuentros pasarían de ser de unos cambios de turno a la oportunidad de celebrar cualquier cosa, acompañados siempre de una caña y con el animado sonido de nuestras entretenidas charlas sobre la incomprensibilidad de las cosas buenas y malas de la vida. Por fin, comencé a trabajar un lunes a las siete de la mañana, ahí me encontré a María en su primer día de trabajo. Una chica nerviosa, a veces desproporcionadamente exagerada que se ponía furiosa cuando le faltaba tinta a la impresora, con ella, haciendo equipo, había dos más: Natalia y Martina que enseguida chillaban cuando en vez de tener un cliente tenían dos en la cola.

Me acerqué a Jimena, la chica recta en su silla y le pregunté si todas las mañanas eran así. No creo que yo estuviera preparada en ese momento a tener que escuchar a tres mujeres desorbitadas "al borde de un ataque de nervios" a las siete de la mañana. Para mí era demasiado pronto para discutir, y menos, por la tinta de la impresora o porque los chicos del turno de tarde no trabajaban (grupo al que yo apoyaba silenciosamente). Así que Jimena y yo nos fuimos a desayunar juntas y ahí descubrí formaba parte de las personas luchadoras que había sufrido "el corralito" y que habían venido desde Argentina a probar suerte. Enseguida las palabras comenzaron a surgir, de ellas las frases, de las frases las risas. Sólo hicieron falta un café y dos tostadas con aceite y tomate para resumir nuestras respectivas vidas. Captamos la realidad de que ambas estábamos en el mismo momento. Las dos necesitábamos que el tiempo volara. Yo para que la espera de Federico no se me hiciera eterna y ella para olvidar. Comenzamos a salir juntas, escogimos la Latina como escenario favorito de nuestras tertulias, sobre todo pasábamos horas en un bar de la esquina donde los camareros lucían gimnasio y "sexapil". Buscábamos distracciones y Jimena prefería ponerse en puntos estratégicos por si el amor pasaba por ahí…

Había que estar bien situada, para evitar que se nos escapara su oportunidad. Entre risas, intensas charlas y largas noches, pasaron los meses.

De vez en cuando también me reunía con ella, Lucía. Una amiga con la que había crecido en Bilbao. Era bonito quedar con Lucía en Madrid ya que así ambas uníamos nuestro pasado y presente en ese nuevo escenario. Hablábamos de nuestras amigas en común y nos reíamos juntas recordando historias. Lucía; una chica alegre y sincera con el pelo muy rizado. Una buena abogada con una sonrisa dulce y perecedera, otra amiga en la que podía confiar…

-Sí, para llegar a su hotel, tiene que coger la línea morada y bajarse en la estación de Colombia-. Mientras atendía a un cliente, el teléfono sonó. Enseguida ví que la llamada venía de la oficina que estaba colocada en el piso de arriba.

-Gorka, ¿Puedes coger la llamada?- Sí, me contestó él, dice Ignacio que tiene una pregunta para ti.

Cuando mi cliente cogió su maleta y su mapa en dirección a la parada, cogí el teléfono. Era Ignacio preguntándome cómo era Federico. Quería saber si era rubio y si tenía las manos grandes.

-¡Que extraño!-pensé. ¿Por qué de repente estaba interesado en saber eso?

Le mire a Gorka y con el corazón latiendo a mil por hora le dije que tenía la intuición de que Fede estaba ahí.

Efectivamente, miré hacia arriba y era él. Bajaba por la escalera mecánica con su sonrisa, llevaba unos vaqueros y una camiseta azul y en la espalda, la mochila que yo conocía bien, su compañera de viaje. Abrí los ojos tanto como pude, no podía ser... Salí del mostrador, me dirigí a la escalera y confirmé que era él. Creo que la escena que vino después fue digna de película. Por unos segundos, estaba confundidad, no podía ser real. Fede estaba ahí por sorpresa y había decidido pasar una semana conmigo en Madrid. Cuando le presenté a Gorka, él, como un buen amigo me dijo que se quedaría él atendiendo a los clientes, así que yo recogí mis cosas para dar por terminada la jornada de ese especial día. Era mi momento de cambiar el uniforme por los vaqueros y elebrar la sorpresa que acababa de recibir. Después, Fede me contó que había sido Gema quien le había ayudado a organizar su visita, ambos habían ideado el plan y todo había cuadrado perfectamente. Esa semana fue increíble, volvíamos a estar en Madrid los dos, le mostré mi nueva casa, mis compañeras de piso y hablamos de nuestros planes de vivir juntos en la capital. Todo fue mágico, sólo hubo un evento aquella semana que nubló la felicidad que sentíamos, ocurrió justo el día del cumpleaños de Fede, el once de marzo. Aquel día en el que todos nos despertamos con la triste noticia sobre el trayecto truncado de los desafortundos trenes. Ese día, se percibía una tristeza conmovedora, una confusion notable en las calles de la capital. No entendíamos el por qué y todos escuchábamos las noticias esperando poder comprender lo que acababa de ocurrir. Ese día, perdimos ciento noventa y dos personas y con ellas, muchas almas se quedaron también perdidas ante la tragedia. Todos los que vivíamos en Madrid recibimos llamadas constantes de familiares y amigos confirmando que no habíamos cogidos aquellos traicioneros trenes. Las linéas de teléfono se colapsaron, los equipos de emergencia se dirigieron al lugar de la desolación y la ayuda y la protesta invadió las calles de Madrid. Ese día España empezó a ser más vulnerable y todos nos dimos cuenta de que estábamos en el radar de un poderoso y peligroso grupo terrorista…

Fede y yo pasamos el día sin saber muy bien adónde ir, el metro funcionaba pero hacía su trayecto fantasma con los vagones vacios. La gente se refugiaba en casa a la espera de más noticias.

OJALA ELLOS HUBIERAN PERDIDO ESE TREN…

Madrid, 11 de marzo, 2004.

El miedo repentino se fundió en el aire,
las llamas, el lamento… no se distinguía a nadie…

El llanto, el dolor, el desconcierto desolado…
Nadie se creía que esa música estridente estaba sonando…

Fueron varias bombas las que explotaron sin miedo,
sin pensar en aquellas personas que viajaban en los vagones del
fuego...

Sangre, dolor y desconcierto...
¿Quien está tan enfadado como para hacer esto?
Aquel día todo el mundo perdió,
perdió otra vez la confianza de poder sentirse seguro...

Y nos miaramos, y nos dimos cuenta de lo que era una pura
evidencia....

Aquel día todo el mundo perdió...

Ojala esto recaiga sobre sus conciencias...

No entiendo cómo existe alguien capaz de crear tanto dolor y
desconcierto desolado...
Y además, continuar como si nada hubiera pasado...

(En recuerdo a todas las personas inocentes que perdieron la
vida en aquellos trenes truncados...)

Dos días depués Fede volvió a meter sus cosas en aquella gran
mochila que nos traía miles de recuerdos. Nos despedimos
otra vez pero sabíamos que pronto íbamos a estar viviendo
en esa ciudad juntos. El había disfrutado de sus días allí, mis
amigos lo había recibido con una gran sonrisa y enseguida se
había vuelto a despertar su lado europeo. Podía verse viviendo
allí, sólo necesitaba volver a Boston, cerrar ese capítulo y
comenzar uno nuevo en la gran ciudad...

Se fue, y yo volví a trabajar entre mapas y a apagar el molesto sonido del despertador a las seis de la mañana.

Un lluvioso domingo, a la hora de comer, Jimena y yo nos encontrábamos en un conocido restaurante de la cadena de "Vips" de Madrid. Mientras disfrutábamos del sabroso "Sandwich club", mi teléfono sonó. Era una llamada internacional así que me ilusioné sabiendo que era él quien llamaba.

-¿Cristina?- Me preguntó él.

-Sí, Fede, soy yo. ¿Cómo estás?. Noté algo distinto es su tono de voz, parecía preocupado.

-Cristina, I have something important to tell you-. Me dijo.

En ese momento mi cabeza voló dejando que miles de pensamientos y suposiciones se posaran en mí. Mis manos empezaron a temblar, perdí el control del latido de mi corazón y mi respiración se hacía cada vez más y más pesada. Pensé que él había encontrado a otra persona, en esos segundos barajé la posibilidad de que me iba a decir que ya no iba a venir a Madrid. Mis manos seguían temblando y me volví impaciente para saber qué era lo que ocurría. Mi nivel de inglés por aquel entonces no era demasiado bueno así que supe que debía concentrarme para tener aquella conversación que estaba por llegar. Salí fuera para evitar el ruido de aquel lugar, respiré y presté atención.

-Cristina, mi madre está enferma-.

En ese momento no supe que decir, me había quedado muda, sin palabras. El me explicó despacio y detalladamente la situación, iban a operar a su mamá y después de la operación estudiarían el resultado. Después de esta devastadora conversación colgué el teléfono y me dirigí hacía Jimena donde ella me esperaba con cara preocupada. Yo estaba enfadada conmigo misma, era frustrante no hablar su mismo idioma. No le había podido comunicar lo que sentía y me había quedado con ese hueco repleto de palabras y frases que le hubiera querido decir. La noticia era triste e inesperada, a partir de ahí yo no sabía lo que podía ocurrir, me alegré en ese momento de poder contar con los apropiados refuerzos que me ofreció Jimena. Después, llegaron días de reflexión, mis pensamientos continuaban en la agitada vida de la capital, no me separaba del teléfono y controlaba mi cuenta de email frecuentemente. Recibí noticias de él, me contó que ya habían operado a Patricia y que la operación había sido todo un éxito. Dejé pasar un poco de tiempo, y al cabo de un mes, cogí el avión para estar con ellos. En cuanto llegué a la casa le vi a ella en su habitación, haciéndose dos preciosas trenzas con su pelo rubio ceniza. Ese viaje fue distinto a los demás, pero fue un gran alivio comprobar que ella se estaba recuperando y que las cosas volvían a estar en su sitio. Después de largas conversaciones, Federico y yo decidimos que esperaríamos unos meses para continuar nuestro plan. Fue ahí cuando pude relajarme y así comprobar que la idea de compartir una vida en el mismo lugar seguía vibrando y permaneciendo latente.

Cuando Patricia recuperó su ritmo de vida y volvió a enseñar en el instituto, le dijo a Fede que él tenía que seguir su camino, que debía seguir sus planes y que no iba a ser ella quien se interpusiera en su búsqueda de la felicidad. Nunca olvidaré este empujón que dio Patricia a nuestra relación, no tuvo que ser fácil transmitir ese mensaje a su único hijo, pero consiguió que Federico organizara la maleta y viniera a Madrid. Hicieron un pacto entre madre e hijo: si las cosas se complicaban o si su salud se resentía, Federico cogería un avión al instante para ayudarla en todo lo que estuviera en sus manos.

Estoy segura de que en el momento en el que Patricia vio marchar a Federico, recuperó los recuerdos de cuando fue ella quien cogió la maleta rumbo a Europa en busca de emoción y misterio en su vida. Probablemente era un momento doloroso pero se unía de empatía con su hijo que partía hacia la búsqueda de su camino…

-Bienvenidos, pasajeros. Abróchense los cinturones que vamos a partir dirección a Madrid-. Ese mensaje que provenía de los altavoces del techo del avión, produjeron un curiosa reacción en Fede, su estómago dio un giro, pero al mismo tiempo, se dibujó una sonrisa en su rostro. Se iba a Madrid a vivir….

Mi alma ríe de alegría
y me siento como una
luz que emana energía.
¿A caso eres tú el que me da esta ilusión?
-Debe de serlo porque te siento en el corazón.

Es increíble saber
que alguien como tú, da tanta vida a un ser.
Mi alma ríe de alegría
y la soledad le deja para que de otro se ría.

Es increíble saber,
que toda esto, es debido a que mañana te vuelvo a ver…

Fede llegó ante mi impaciente espera y al mismo tiempo, Jimena, mi compañera de batallas, fue olvidando….

Era como un sueño tenerle ahí, esta vez su maleta venía repleta de cosas que le ayudarían a instalarse, los dos comenzábamos una aventura, una travesura juntos y esto provocaba en mi una felicidad plena sin parches por los que se pudiera escapar. Era divertido tenerle ahí y el principio de este capítulo era una continua novedad. Los ojos de Federico se encendían constantemente ante su admiración por la capital y por sus costumbres, se sentía bien estando allí y eso lo podías adivinar mirándole esa sonrisa permanente en su rostro. El momento para los dos era emocionante, diferente y sobre todo, misterioso….

Una vez ya juntos formamos un equipo de dos, salíamos a cenar casi todas las noches, y seguíamos la lista de restaurantes que yo había hecho sobre los sitios que quería conocer. El paladar de él disfrutaba de todos aquellos manjares castizos y así, él iba alargando el listado de sus comidas favoritas. Le presenté a todos mis amigos, encontramos un trabajo para él y enseguida comenzó nuestro capítulo viviendo juntos. Luego vinieron acontecimientos del día a día; La esperada y emocionante boda de mi hermana mayor, Pilar (que había elegido la Catedral de Covadonga para la ceremonia, siguiendo los pasos de mis padres, donde fue ella, la Virgen quien también fue testigo de su enlace), la búsqueda de piso, la búsqueda de un segundo trabajo, las facturas, las salidas nocturnas con amigos… Siempre con un balance positivo. Nuestra vida corría a la velocidad del viento. Estábamos dispuestos a comernos el mundo, las cosas parecían fáciles, solamente, parecían.

En el vestíbulo del aeropuerto, íbamos dejando el trabajo uno a uno, el primero fue Ignacio que pasó a facturación de una Compañía aérea. Luego fui yo que cambié el aeropuerto por marketing, un trabajo todavía sin definir, con altos y bajos, con líneas curvas y rectas, pero siempre variable, con la tensión diaria guiada por el pánico del rumor del cierre de la oficina. Luego fue Gorka el que se fue a trabajar a un hotel ilusionado por las ganas de comenzar su vida en un nuevo lugar y deseando ciegamente que su media naranja le estuviera esperando en la recepción. Nos fuimos varios, y luego entraron dos chicas más que también formarían parte un poco más tarde de nuestras reuniones familiares. Ellas, las chicas, ya habían hecho apariciones anteriores en mi vida. Fue curioso poder juntar el pasado con el presente en un sólo momento, en un mismo lugar. En parte, fui yo la que les convencí para que hicieran un alto en su camino para formar parte de "los consejeros del metro de Madrid". Un trabajo por el que Fede también pasó. Un trabajo que nos había dado tiempo a todos a reflexionar y a coger impulso para dar pasos más grandes. Así lo hicieron las dos, Gema se animó a trabajar después de unos meses en el paro levantándose por las mañanas a registrar las ofertas de trabajo del día a día. Se animó a esperar a un trabajo más serio en la parte de atrás del mostrador para recuperar su seguridad. Gema era ya una amistad consolidada. Seguía como siempre: alegre, dulce y muy sincera. Con cualidades humanas semejantes a las de Jimena pero con diferentes ritmos de vida.

Vicky era la otra chica que había entrado nueva al trabajo, volviendo a aparecer en escena después de nuestra aventura en Palma de Mallorca. Una chica en su eterna juventud, con un toque de niña buena y un look de mujer sexy. Una auténtica mezcla que amenizaba nuestras reuniones, eso si, cuando venía, porque sus pequeñas complicaciones del día a día hacían que no cogiera nuestras llamadas o que se le olvidase la cita. Cuando era fiel al encuentro, aparecía siempre con un color tostado, una melena rubia y cardada, y siempre sorprendiendo con su toque personal.

Madrid seguía su movimiento incansable y frenético, y nuestros paseos nocturnos guiados por la luz que provenía de la puerta de Alcalá se hacían cada vez más constantes. Federico miraba la cuidad con entusiasmo, ya que desde su viaje a Europa había descubierto esa intriga interior que le hacía admirar y estudiar las diferentes culturas y formas de vida. Enseguida empezó a jugar con las palabras y así estas cobraron sentido haciendo que su nivel de español mejorase cada día. Estudiaba los verbos en su tiempo libre y en el momento que consiguió aprenderse el subjuntivo y todos los pasados posibles, comenzó a recibir felicitaciones por su esfuerzo y logros en el aprendizaje del idioma. El poder comunicarse le dio fuerza y esta fuerza actuaba como una herramienta imprescindible para seguir luchando por hacerse un hueco en aquel país rodeado de mar, rico en sabor, en cultura e historia.

Tengo en mi memoria grabado el recuerdo de la alegría que desprendían sus ojos cuando Federico se apoyaba en la barra de un bar. Seguidamente, pedía una cervecita fresca y una tapa para acompañar, el buen jamón y el chorizo eran sus dos debilidades y el hecho de llevarse esos manjares a la boca eran para él un festín, un momento de paz, una forma de saborear la vida, de saborear su experiencia en aquel lugar. En cuestión de meses, había cambiado los bares de la ciudad de Boston por aquellos locales abarrotados de gente que se apilaba en la barra reclamando la atención del camarero, ahora él, era uno más de los participantes del circo, uno más que hacía malabarismos para poder recoger sus cañas y para después poder pagar. Entre la multitud yo veía que él se sentía vivo, despierto, disfrutando del show…

La oportunidad de estar en Madrid, brindó a Federico la posibilidad de comenzar a conocer mejor las piezas del puzzle de mi vida, allí pudo conocer a Juanma, y ahí fue donde mi hermano me guiñó el ojo, dando el visto bueno a mi elección. También nuestros cortos viajes al norte, le concedieron buenos momentos familiares, sobre todo, en los que disfrutábamos juntos en la mesa repleta de la sabrosa comida hecha por mamá. Fue la boda de Pilar, un excelente momento para poder presentarle a Fede al resto de la familia: Allí conoció a mi parte asturiana, la familia a la que me siento muy cercana y a mi parte valenciana, la cual por la lejanía, no he tenido tantas oportunidades de conocer más profundamente pero que a pesar de ello, quiero y aprecio. Pilar en su día estaba radiante, emanaba felicidad, el vestido era de un tono de blanco aperlado y dejaba sus hombros descubiertos, en la cabeza llevaba un original gorrito que se adaptaba a ella perfectamente. Era su día y yo sólo podía estar feliz viéndole a ella y a todos mis familiares celebrando su momento con David. Esta vez, no actué igual que en el día de su comunión; no le tiré del vestido (menos mal que esos momentos y celos de niña ya habían pasado…), esta vez, salí en todas las fotos sonriente y entregada a esa día tan especial para ella.

Madrid nos dio la gran oportunidad de establecernos como pareja. Vivimos en pleno centro, en la calle de San Bernardo, en esos pocos metros de "hogar" compartimos muy buenos momentos. El piso estaba situado cerca de la zona de Malasaña, donde las influencias y las flamantes llamas de los locos años ochenta y de la movida madrileña había dejado sus cenizas. En el salón había una pequeña chimenea pero que acorde con nuestra vida en la capital, no acababa de funcionar. Ahí teníamos un buen grupo de amigos, buenos planes nocturnos, un agradable lugar para vivir y yo un trabajo que no me disgustaba. Sin embargo, al igual que la presencia de aquella bonita chimenea, gozábamos de los elementos necesarios pero algo no cuajaba. Había piezas del puzzle que nos faltaban. Él tenía ganas de encontrar un trabajo que realmente le motivara como para despertarse por las mañanas temprano acompañando a la entrada de la luz del sol. Él necesitaba sentirse más completo y ya era el momento de empezar a ver el crecimiento de los frutos de nuestros esfuerzos plantando las semillas de nuestra nueva vida juntos.

A pesar de querer con todas nuestras fuerzas seguir viviendo en el centro del país, el destino nos hizo girar la cabeza y plantar nuestras miradas hacia el norte. Allí Federico trabajaría en una empresa de marisco y todo marcaba a que sería ahí donde encontraríamos el resto de las piezas del puzzle incompleto…

Tomar esta decisión no era fácil, eso suponía dejar atrás a nuestro diverso y variopinto grupo de amigos. En ese momento ya formado principalmente por Ignacio, Gorka, Jime, Gema, Giuseppe, Vicky y nuestra última adquisición: Maeve, una chica divertida, diferente, especial... con un pelo rizado alocado, llegada de Cork (Irlanda). Ella lucía un acento galleguiño por haber aprendido a hablar español en la Coruña. Maeve había sido mi compañera de oficina durante el último año y junto a ella había pasado momentos divertidos y momentos más duros guiados por el estrés del trabajo. Todos estos momentos compartidos con Maeve, como los otros compartidos con el resto de la plantilla, permanecían en mis recuerdos, complicando la decisión de marcharnos a otro lugar.

-Veo en tus cartas que habrá un cambio importante en tu vida, veo un viaje y un cambio de casa-eso fue lo que me dijo aquella pitonisa con la raya del ojo desalineada y esas uñas postizas y mal encajadas.
-Fede, tengo el presentimiento de que este plan de mudanza podría ser una buena idea-.

Todavía yo me pregunto si fueron los malgastados cuarenta euros que le pagué a esta chica alocada que se hacía pasar por adivinadora los que me empujaron a tomar esta decisión. Supongo que también influyeron los ánimos de mis padres que nos animaban a mudarnos al norte, así la familia estaría más recogida. También ayudó la idea de saber que mis "amigas de toda la vida" estarían a unos pocos kilómetros. Ahora que lo veo con otros ojos, me alegro de no haber vuelto a estos lugares de almas perdidas donde uno deja su destino en manos de una cartas, estoy contenta de dejar que sean los acontecimientos los que me sorprendan y no permitir que mi curiosidad por adelantarme a los hechos sea la que influya en mis decisiones.

Una de las últimas veces que nos juntamos todos los del equipo del aeropuerto incluidos novias, novios y alguno más, fue en nuestra despedida. Todavía estaban todos sorprendidos, pensando que en el último momento íbamos a dar marcha atrás y posponer el plan de ir a Santander para un futuro. La noticia de nuestra marcha había dejado a todos sin palabras impulsivas. Todos se habían esforzado por encontrar las frases más adecuadas a la situación, y en el fondo, a pesar de que sonaba a repentina locura, parecía que lo entendían. Como en todos los momento tristes de mi vida, disfracé la cruda realidad. Nos referimos a la fiesta de despedida como nuestra fiesta de cumpleaños, aprovechando que Fede y yo cumplíamos veintiséis aquel mes de marzo. A esta cita no faltó ninguno, ahí estaban en los momentos duros. Reímos y bailamos hasta el final. No me dejé llevar por la tristeza hasta la última hora, donde ya empecé a pensar en lo duro que era dejar, todo lo que nos había costado tanto crear…

-No me puedo creer que nos vayan a cobrar doscientos euros sólo por la cama, cuatro cajas y encima por llevarlas todas a un sitio al que no me apetece ir-.
¿Cómo puede haber gente que te cobre por algo que no quieres hacer?-.

Fue triste y difícil meter en cajas todas aquellas cosas que habíamos acumulado en esos meses en Madrid. Una mudanza es uno de esos momentos en la vida en los que te paras a reflexionar y a hacer un resumen de los acontecimientos y recuerdos que se han dado lugar bajo aquel mudo techo lleno de secretos. Ahí me encontraba yo rodeada de papel de periódico y de cajas de cartón de diferentes tamaños. Los dos, Fede y yo, hacíamos equipo y mientras uno embalaba, el otro apilaba las cosas encajando las diferentes formas y tamaños de nuestras pertenencias. La tristeza nos acompañaba pero a la vez se le unía un sentimiento de aventura y alegría que nos daba la sensación de pensar que podíamos otra vez más, volver a empezar.

Al día siguiente vinieron dos chicos robustos a recoger parte de nuestras pertenencias para meterlas en el camión. Intentábamos ahorrar algo de dinero para imprevistos y por eso decidimos también llevar cajas y bultos en nuestro pequeño, granate y compañero de aventuras; Opel Corsa. Fue curioso el recorrido Madrid- Santander, los dos estábamos rodeados de objetos y cajas. Ambos teníamos una sensación de ahogo cuando nos dimos cuenta de que el momento del cambio había llegado. El coche cumplió con su tarea asignada, con paso lento pero seguro nos llevó a nuestro destino.

CUARTA PARADA:
DESTINO: SANTANDER

Ya en Santander, en aquel bonito paisaje pesquero situado en el norte de España, me encontraba yo caminando por la cuesta, juntando fuerzas, y tensando los desentrenados músculos de mis piernas para llegar al final de la caminata, después del gran esfuerzo, llegué a la casa. La sensación de espacio era privilegiada, habíamos cambiado los treinta metros cuadrados del pequeño piso en Malasaña por los casi setenta que tenía nuestro nuevo hogar. Con suelos nuevos de madera brillante y pulida, conseguida por un buen precio y con la tecnología instalada para hacernos la vida más fácil o más difícil, depende del punto de mira. Todo estaba preparado para comenzar. Los paseos por la playa se convirtieron en parte de mi rutina, empecé a reconocer las caras de la gente con la que me cruzaba en mi camino tan temprano. Sorprendente en mi, comencé a apreciar el agradable sonido del silencio y empecé a hacerme amiga de la soledad esporádica...

Ocho de la mañana, Fede me había vuelto a dejar en el puerto para que comenzara mi paseo, esta vez me paré en la playa y dejé que los primeros rayos de un sol de julio se encontraran con mi rostro. La vida había cambiado entre tantos paseos. Fede había encontrado otro trabajo, dejando la empresa de mariscos y pescados atrás, y yo seguía caminando por la playa. Cada paso un sentimiento, cada pensamiento una duda... La tierra seguía dando vueltas y ahí estaba yo en la cuerda floja intentando mantener el equilibrio. La familia seguía en el mismo lugar: mamá seguía corriendo por las calles buscando oportunidades, buscando casas viejas que remodelar. Entre el primero, el segundo, el postre y el café con pastas de las ya deseadas reuniones familiares, la vida continuaba. Papá seguía con su característica sonrisa luchando por su negocio familiar, como un aventurero, lanzándose a los negocios sin miedo. Mi hermana Pilar, estrenando su nueva maternidad, feliz, tranquila, con ella David, su marido, otro hombre aventurero como todos los varones de esta familia. Juanma, mi hermano "pequeño", todavía en sus veintitantos, saliendo, alargando la llegada del día en el que lanzarse a la cruda vida laboral y disfrutando con su innata y contagiosa carcajada frente a la vida mientras superaba los retos de su momento de estudiante. Por ultimo, Noah, y lo nombro el último por ser el último en llegar, mi sobrino nacido en California, combinación de una madre nacida en Santander unida con un padre de Dublín, a sus espaldas genéticas, unos orgullosos abuelos: ella de la cultura de la fabada y él de la paella. Y a su alrededor nos encontrábamos todos los demás: tíos, primos, y en especial, cuidando su papel detalladamente, su atenta madrina: Beatriz.

Los buenos amigos también estaban ahí. Todo se seguía su cauce... Al igual que la tierra, al igual que un reloj, al igual que un tren.. Lo que más me tranquilizaba era pensar que los ingredientes para la receta de la felicidad seguían inamovibles; no se evaporaban, no perdían su aroma, su sabor, sus cualidades...

Las velas para ambientar las traía Fede, la cafeína ante la vida la ponían mis padres, mis hermanos, el toque de caramelo, y desde el norte o desde el centro del mapa, o desde otros lugares del globo terráqueo, los amigos eran los que traían lo que le faltaba al menú, todos ellos, aportaban el vino...

 -Fede- Le contesté a su pregunta después de una cena con velas y una música salida de un afinado piano de fondo, es lo mejor que me ha pasado en la vida, claro que nos casaremos-...
 -¿Cómo dices, Fede?-. ¿Que nos vamos a vivir a Boston?...

Después de esta pregunta llegaron momentos de confusión, los planes se entrelazaron creando nudos en sus movimientos. El dulce pensamiento de casarnos se cruzó con el planteamiento de partida. Los papeles de preparación de nuestra boda se enlazaron con el papeleo de la solicitud de mi visado para EE.UU. Esta ensalada de acontecimientos consiguió un toque agridulce, suave y áspero al mismo son, ya que debido a nuestra preocupación por el dinero y por el tiempo, no pudimos centrarnos en el gran evento de la boda que estaba por llegar. La noticia de nuestra boda venía acompañada a la noticia de nuestro cambio de vida. Esta combinación no era la esperada por la gente que nos rodeaba. Aun así, el tiempo fue apaciguando el impacto de los dos instantáneos acontecimientos, nuestros familiares y amigos iban comprendiendo y asimilando mejor nuestra decisión de retirada de ese escenario con olor a sal. Poco a poco todos fuimos digiriendo y convenciéndonos de que era la decisión correcta en aquel momento.

El tren en el que estábamos montados, ahora se dirigía a Boston a una velocidad incontrolable. Las paradas que dejábamos atrás eran: Dublín, Palma de Mallorca, Madrid y, nuestra última, Santander. En la siguiente escucharíamos una voz que anunciaría nuestra llegada a Boston. Con tanto movimiento y con el vaivén del viaje, era ella, la temida rutina quien todavía no era capaz de atraparnos...

Un fin de semana fui sorprendida por mis amigas de Bilbao, las cuales me metieron en un coche con los ojos vendados y me llevaron de sorpresa a la viva y estudiantil ciudad de Salamanca. Ese fin de semana fue uno de los más significativos de mi paso por esta vida. Entre risas y desparpajo, nuestra Amistad (con A mayúscula) de muchos años hacía su presencia mientras yo estaba disfrazada de torera y de colegiala. Esta parada en Salamanca me hizo darme cuenta de dos cosas: de las buenas amigas que tenía y de que la boda estaba a la vuelta de la esquina. Este fin de semana, todas allí presentes nos dejamos llevar por el emocionante hecho de pensar que nuestra Amistad llevaba haciéndose notar desde nuestra más tierna infancia con aquellos uniformes del colegio "Pureza de María". Allí donde todas llevábamos una falda de cuadros grises y un jersey azul marino encima de una camiseta blanca con cuellos. Habían pasado muchos años desde aquellos momentos y esa idea era la que nos provocaba esa sonrisa en el rostro, ese orgullo de pensar que a pesar del tiempo seguíamos ahí. En esos instantes, en vez de celebrar un cumpleaños con sandwiches de jamón y queso y aceitunas, celebraríamos que una de nosotras daba el paso por primera vez. Mis amigas tenían todo bien organizado y medido, lo habían planeado con mucha atención y cariño. Todas ahí sabían que a mi me encantaban las sorpresas, así que imagino que alimentaban sus fuerzas con la idea de darme una de las mejores sorpresas de mi vida. Nos quedamos a dormir en un hostal de Salamanca y las horas pasaron al son de carcajadas y anécdotas que se quedarían en nuestras memorias. Me regalaron una cámara de fotos y ese fin de semana no me dejaron pagar nada. Realmente me hicieron sentir especial. Por supuesto, desde nuestras vidas de colegialas todas habíamos cambiado mucho, y menos mal, porque yo era un niña un poquito mimada y repipi, pero eso no importaba, el presente nos juntaba a todas otra vez y a pesar de ser diferentes personas con el mismo nombre y apellido, la chispa de la Amistad seguía latente y vibrante. Todas ellas contribuyeron a que ese fin de semana fuera uno de los momentos más memorables en mis recuerdos, ahí estaban todas menos Carmen, mi gran compañera de colegio e instituto, que no pudo venir. Ahí pude disfrutar de cada una de ellas: María G, la interesante mezcla de intelectualidad y diversión, María L, la responsable y fiel amiga, Mónica, la coherente y entrañable compañera, Lucía, la simpatía y vivacidad al mismo son, Puy, la bonachona por excelencia, Ana, el estilo junto a la sencilla bondad, Iranzu, la atractiva chica rubia del grupo que combinaba su ropa con gusto mientras manejaba una agenda social cuidando de sus amigos, Elena L, mi gran amiga de la infancia, con la cual compartí momentos de travesuras, Ainhoa, la chica bien combinada y de buenas iniciativas, Elena G, la creativa y divertida diseñadora, Cintia, con su característica sonrisa, Laura, un fuerte apoyo en mis decisiones, Elisabete, también divertida y leal, otra Elena, esporádica y única... Ahí pude disfrutar de cada una de ellas. Cada una de ellas, aportó refuerzo y apoyo en aquel momento de mi vida, no todas pudieron venir a la boda debido a la rapidez y a la espontaneidad con la que este evento se sucedió, pero para mí, este encuentro en Salamanca, significó mucho, fue como una introducción al gran momento del "si quiero", como un aperitivo al menú de eventos que estaban por acontecerse...

Sois vosotras mis amigas,
las que han hecho que yo hoy me sienta viva.
Sois vosotras compañeras,
las que me han ayudado a olvidarme de todas mis penas...

Habremos pasado juntas momentos más fáciles y momentos
más complicados....

Pero es el hecho de volvernos a ver,
lo que demuestra que los buenos momentos fueron los que
consiguieron vencer...

Hemos dejado el uniforme y las coletas,
y las madres dicen que éramos todas graciosas y regordetas...

Ahora todas tenemos vidas diferentes,
ahora todas queremos cumplir distintas metas...

Pero a pesar de tener otra dirección,
Amistad: Júranos que no desaparecerás una vez que se alce el
telón...

Llegó el día de ponernos mutuamente los anillos. Amaneció con tormenta, llovía de una forma incansable y yo miraba a través de la ventana pidiendo al cielo que parara de llover tan despiadadamente para poder disfrutar de nuestro día. Una hora antes del gran "sí", paró, y el cielo se despejó como si alguien eliminara las amenazantes nubes con un borrador. Todos entramos en el ayuntamiento, y cuando nos dieron luz verde para acomodarnos, entramos en fila buscando nuestro asiento. En la parte de atrás un público emocionado y al frente y con situación privilegiada, Patricia, la mamá de Federico y la mía, ambas con miradas de complicidad y llenas de alegría observando la escena en primera fila.

-Cristina Martínez: ¿Aceptas a Federico Sparisci como esposo?-. Por su puesto, respondí yo espontáneamente.

El día fue muy especial, después de la celebración nos fuimos a un parque de la cuidad a tomarnos unas frescas botellas de vino que calmaron nuestras ganas de empezar a brindar por aquel acontecimiento. Para la foto, estábamos unos cincuenta, lo que hoy en día es considerado una boda pequeña, pero lo que hizo de ese momento un acto íntimo, tranquilo y de disfrute. Nuestra celebración rompió esquemas de lo que es una boda tradicional pero al igual que nuestra historia, el acontecimiento era personalizado, diferente. Después de nuestra segunda parada, cogimos el autobús que nos esperaba y el chofer nos dirigió a la casita de mis padres en un pequeño pueblo rural llamado Rasines, ahí nos colocamos alrededor de una colorida mesa de pinchos y manjares calientes, y todos empezamos a conversar y a celebrar. Cuando nuestros platos ya estaban vacíos y nuestras estómagos satisfechos, escuchamos un discurso que dio Patricia, mi nueva suegra, seguidamente mi recién estrenada cuñada y finalmente mi hermana. Las palabras de estas tres representantes y testigos estaban llenas de positivismo y de buenos deseos, en varios momentos también tuvieron su toque de humor. La fiesta fue divertida y las copas flotaban alegremente. Federico y yo nos mirábamos continuamente con felicidad, nos había costado llegar hasta ahí, pero lo habíamos conseguido... Entre lágrimas de alegría, canciones desentonadas, risas y abrazos de nuestros amigos, el día transcurrió dejando a su paso fotos entrañables, vídeos emocionantes y memorias que permanecerán en los recuerdos de todos los allí presentes. Patricia había traído un video de parte de la familia de Boston, todos ellos se habían reunido para cantarnos una canción el día de nuestra boda, fue una sorpresa para Federico y todos disfrutamos viendo a esa parte de la familia en la pantalla cantando y riendo.

El estribillo decía: "Fed & Cristina everything will be all right".

Parte de nuestros amigos de Madrid estaban allí, los cuales nos habían preparado también un significativo video con fotos de nuestros momentos en Madrid, mi fiel familia de Oviedo también vino, incluida la genuina "mamina" (mi peculiar abuelita), el hermano de Federico y su familia de Italia estuvieron también celebrando, mis emocionados padres y hermanos, mi pequeño sobrino Noah también pudo venir, ya empezaba a gatear por aquel entonces y presumía de unos regordetes mofletes y de unas rollizas piernecitas que daban ganas de pellizcar cuando se daba la vuelta. También vinieron nuestros amigos de Santander: Naomi, una chica inglesa con la que había compartido muchos paseos por la playa y muy buenas conversaciones durante los últimos meses, con ella, su novio Bruno, Laura también estuvo, algunos amigos de Italia, mis padrinos, y por ultimo, se unieron algunos amigos de

Bilbao para el pastel. Un caballo que pasaba por ahí, también se unió a la fiesta, permitiéndonos que nos posáramos en su lomo ofreciéndonos unas bonitas memorias. Gracias a estos elementos, pudimos contar las aventuras de aquel mágico día a los que no se encontraban en aquel lugar, en aquel momento, y respecto a esa espina de echar en falta en falta algunos de nuestros familiares y amigos mas cercanos, yo me prometí a mi misma que debíamos encontrar otro motivo de celebración para poder compartirlo con los que no pudieron estar allí aquel día…

Después de la boda, parecía que los nervios se habían apaciguado encontrando un estado más calmado. Comenzamos a disfrutar de cosas que siempre habían estado ahí pero que debido a nuestras preocupaciones y quehaceres no habíamos podido disfrutar. Los paseos con los pies mojados y decorados con arena se hicieron cada vez más frecuentes, las partidas a las palas se hicieron más presentes en nuestras mañanas y la afición de ir al monte a caminar, cogió más fuerza que nunca. La ciudad vestía de otro color. Todos nuestros planes comenzaban ya a estar destinados a nuestra marcha y a nuestro cambio de escenario. Una vez más nos encontrábamos en un lugar sabiendo que no era el definitivo pero esta vez si que era una buena sensación. Esa bonita y entrañable ciudad del norte nos ofrecía la playa, la tranquilidad, y los paseos a la orilla del mar, pero en esos momentos, tanto Fede como yo, necesitábamos agitar nuestras vidas, aumentar los decibelios, andar a un ritmo más rápido. Todo decía que necesitábamos volver al sabor y al olor que sólo la ciudad te da, probablemente el aire no sería tan puro como el que uno encuentra en la salada orilla del mar pero si era lo que nosotros necesitábamos. Queríamos seguir probando suerte, queríamos ampliar nuestro abanico de posibilidades y a todas estas necesidades se le unían las ganas de Fede de estar cerca de su madre, la cual nos necesitaba en ese momento. Todo apuntaba hacía el oeste del mapa, empezamos a organizar nuestros pensamientos y los meses que transcurrieron después fueron pasos convincentes dirigidos al otro lado del charco: Boston.

La tranquilidad volvió a posarse en mí como si una mariposa se hubiera asentado en mi hombro. Mi persona había estado agitada por los nuevos planes y los continuos acontecimientos, pero en el momento en el que las decisiones de nuestra marcha ya estaban tomadas, fue como si un suspiro hubiera salido de lo más profundo de mis pulmones dejando aire libre y una plácida sensación en mi cuerpo. En esos meses de preparativos me dio tiempo a estudiar un master que me serviría en Boston para enseñar español. Volví a rodearme de libros por las tardes y desempolvé mis habilidades de estudio otra vez. La sensación de volver a aumentar mis conocimientos fue muy positiva y además, esta vez, todo lo que estaba aprendiendo tenía una dirección y un objetivo claro. Como disponía de tiempo libre ya que mi trabajo no me requería demasiado esfuerzo, me dediqué a enseñar español a un grupo de inmigrantes en un centro de acogida. Definitivamente, esta experiencia de contacto con personas que me escuchaban con atención y de almas sedientas de aprender un idioma, confirmó mis ganas de aprender a enseñar. A la hora de dar mis clases, mis ojos veían una gran variedad de ingredientes. Una combinación de colores, de idiomas, culturas, profesiones y estilos de vida. Todos ellos se sentaban alrededor de una mesa rectangular y ponían las esperanzas encima de la mesa esperando aprender a comunicarse en aquel nuevo país en el que se encontraban y así poder trabajar y disfrutar de una merecida calidad de vida. Todos eran diferentes pero las ganas de aprender español unificaba el grupo dando una sensación de complicidad y entendimiento entre todos los ahí presentes. Mi nuevo papel de educadora me dio fuerzas para seguir esforzándome en mis estudios y en la formación de mi nueva profesión. Realmente era algo que me hacía bien, que me llenaba, ser profesora era algo que simplemente había ocurrido, algo que parecía que yo no lo había elegido sino que la posibilidad de esta nueva profesión me había elegido a mí. Sin mucha meditación previa, fui recogiendo una gran motivación para ejercer este nuevo papel y me tranquilizaba la idea de pensar que nuestro nuevo destino sería un buen escenario para mis nuevas actuaciones.

Santander fue un lugar bonito donde pudimos coger fuerzas y carrerilla para lanzarnos a la aventura que supondría nuestro nuevo capítulo. Empezamos a mirar la ciudad con otros ojos, escuchábamos su sonido con otros oídos y empezamos a palpar sus calles, sus playas y el asfalto de sus plazas con una nueva forma de pisar, con unos pasos más firmes y más seguros. Es impresionante cómo tu sensación en un lugar puede cambiar simplemente cuando cambia tu estado de ánimo. Ahora la ciudad era más tranquila, más segura, más animada. Empezaba a ser una proyección, una extensión de mí, un reflejo de mi interior...

Esto me hizo reflexionar sobre la idea de que muchas veces el lugar, el país, la ciudad, el pueblo donde vives no es lo más importante. La decisión definitiva la tendrá tu estado de ánimo en esa ciudad, el significado de tu vida en ese sitio, la gente que te rodee. Son muchas las historias de las personas que viven en lugares privilegiados con vidas afortunadas y que no tienen un final feliz o una historia alegre que contar....

Así que volviendo a nuestro escenario a las orillas del mar, la vida ahora sabía a dulce sal. Federico y yo teníamos ya un nuevo anillo en nuestro dedo anular y nuestras mesas de trabajo se llenaban de papeles y documentos que rellenar junto a dos billetes de ida a Boston que tenían un espacio libre en la casilla de regreso. Los paseos en la playa continuaron. Fede y yo luchábamos por mantener la pelota hasta un mínimo de veinte toques con nuestras pesadas palas de madera cántabras. Yo conseguí finalizar el master que me ayudaría en un futuro a encontrar trabajo y él planeaba una seria conversación con su jefe para comentarle nuestra decisión de partida. Sorprendentemente y gracias a la nueva era tecnológica en la que nos encontramos, el jefe de Fede le sugirió continuar su trabajo en Boston, de ese modo, seguiría colaborando con ellos y así todo sería más fácil para él y también para la empresa.

-La tecnología nos ha salvado-pensamos aliviados en aquel momento.

Es impresionante lo larga que se ha hecho la cuerda que nos sujeta a los humanos, es muy positiva la ventaja de la que disfrutamos de ser capaces de movernos y a la vez poder estar en contacto con los nuestros. En este caso, la cuerda llegaría desde Boston hasta Santander y eso le daría la oportunidad a Fede de poder continuar con sus clientes y con el resto del equipo. Esta idea nos vino como una ráfaga de aire fresco que entra en una ventana en un día de bochorno. La noticia sabía dulce, sentaba bien, era un pequeño placer que se colaba entre tantos planes y quehaceres. Durante estos meses, también pude disfrutar de los paseos con los pies mojados a la orilla del mar con Naomi y Merce, dos amigas que había encontrado en esta cuidad salada. Enseguida conecté con ambas. Primero, conocí a Naomi y luego, fue esta quien me presentó a Merce. Las tres teníamos algo en común: nuestra búsqueda de un hueco propio en aquella ciudad. Naomi había venido desde Inglaterra, Mercedes desde Méjico y yo, a pesar de haber venido de una ciudad cerquita de aquel lugar, me sentía como una extranjera más. Era realmente un desahogo, un alivio la sensación que nos daban esos cremosos cafés a las cinco de la tarde y esas largas caminatas acompañadas de palabras y palabras que bailaban en nuestras amenas y terapéuticas conversaciones. Esta compañía me sentaba bien, como la sensación que da un buen abrazo en el momento necesitado.

Otra vez nos encontrábamos Federico y yo metiendo nuestras vidas en maletas y haciendo continuos viajes a la casita de campo, la que nos vió casarnos, para dejar nuestras cosas. Viaje para acá, viaje para allá, caja de libros, caja de ropa y caja de "no sé lo que hay aquí". Un vaivén que nos mantenía ocupados y que conseguía mantener nuestras mentes concentradas en cosas banales. Las semanas de recogida estuvieron completas de momentos de trabajo, esfuerzo y limpieza. Fede y yo habíamos conseguido una buena compenetración haciendo que las cosas fluyeran con más naturalidad. Por supuesto, siempre estaba el momento de debate para saber quién estaba recogiendo más de los dos. Ambos fuimos despidiéndonos de nuestros nuevos amigos de Santander y de los ya no tan nuevos que teníamos en Bilbao. Los abrazos se hacían largos y pensativos pero tenía la sensación de que todo el mundo sabía qué iba a ocurrir. Imagino que es una de las ventajas de formar parte del grupo de los imprevisibles, ya que así todos están siempre preparados para recibir noticias impactantes de tu parte. Yo, personalmente he ido entrenando a las personas que me rodean para esos momentos ya que desde el mismo día en que cogí el avión para ir a Dublín, no paré de jugar con lo imprevisto y lo casual.

Dos días antes de partir, me despedí de Naomi, recuerdo que estábamos tomándonos un café en una terraza que hacía esquina y donde se divisaba perfectamente todos los paseantes de la zona. Ella acababa de darme la buena noticia de que estaba embarazada, lo que me hizo pensar en el hecho de las cosas que me iba a perder en mi nuevo destino. Nos abrazamos al decirnos adiós, nos dimos una pulsera que llevaríamos en la muñeca y prometimos convertirnos en "amigas de correspondencia", dejaríamos los emails para otros y seríamos nosotras quien hiciéramos un esfuerzo para hacer feliz a la otra a la hora de recibir una carta.

También nos despedimos de Ana, mi fiel compañera de Master...

Después de pasar una tarde en Bilbao viendo los fuegos artificiales de las fiestas de la ciudad y comiendo pintxos en buena compañía, nos dimos cuenta de que había llegado el momento de despedirnos. El estómago se me encogió y di una abrazo a mis amigos intentando acortar ese difícil momento de despedida. Una vez que dijimos el costoso adiós a Mónica, Laura, Egoitz, Pierre, Cintia, María, Iñigo y demás amigos pasamos a la dura despedida de mi hermano, ahí quedaba la despedida más difícil. Cuando mire a mi madre a los ojos, una sensación heladora me encogió las entrañas, era como si me faltara el aire, como si un cúmulo de sentimientos se amontonaran dentro de mí intentando explotar. Mantuve todas esas sensaciones comprimidas mientras cogía aire y les di un fuerte abrazo a los dos evitando encontrar nuestras miradas. Todos los allí presentes intentábamos mantener controladas las lágrimas pero una vez que una de ellas asomó en el rostro de mi madre, pareció que dio la bienvenida a todas las que estaban por llegar. Nos abrazamos fuerte, nos deseamos suerte y Fede y yo nos dirigimos a Madrid sin mirar hacía atrás, era demasiado doloroso girar la cabeza para observar lo que dejábamos allí. Para mis padres era difícil vernos marchar, era ya la segunda hija que cruzaba el charco, mi hermana Pilar se había ido con David a vivir a California así que era la segunda vez que se tenían que despedir.

En nuestro viaje en coche a Madrid, hice un resumen en mi cabeza sobre todas las cosas que nos habían ocurrido ahí, en esa ciudad costera. Fede y yo subrayamos los momentos más memorables que eran los partidos de palas en la playa, los paseos, el descubrimiento de las caminatas por las montañas, la idea de llevarme un título debajo del brazo, su trabajo, los helados y como guinda del pastel; el acontecimiento de nuestra boda. También quedaban en un buen puesto de nuestras memorias los amigos hechos por el camino como Naomi, Bruno, Ana y Mercedes.

Llegando a la capital haríamos una parada y al día siguiente cogeríamos el avión para llegar a nuestro nuevo escenario.

QUINTA PARADA: YA LLEGO EL MOMENTO- DESTINO: BOSTON

-Date prisa, Cristina, vamos a llegar tarde al aeropuerto- así interrumpía Federico la tranquilidad con la que yo me encontraba recogiendo mis pertenencias. En el fondo yo estaba inmersa en uno de esos momentos en los que quieres que las cosas te ocurran a cámara lenta para poder así ser consciente de lo que sucede, palpar el acontecimiento y no perder los detalles de todas las sensaciones que pasan por cuerpo y mente. Nos quedaban sólo tres horas para coger nuestro avión a Boston y yo tenía miedo a la rapidez con la que me iba a cambiar la vida. En un día yo estaría en un nuevo escenario, hablando otro idioma, rodeada de gente distinta y hasta yo misma sería otra persona en un mismo envoltorio, o por lo menos, ésa era la sensación que tendría durante unos meses en mi nueva ciudad.

En el aeropuerto, nos despedimos de Ignacio y de su gran compañero, German, ellos nos compraron revistas para el camino. En el momento de la despedida, sonó el teléfono, era mi madre asegurándose de que realmente íbamos a coger el avión... Probablemente, en ese momento, German se acordó del día en el que él también tomó el avión dejando Argentina y a los suyos atrás. El viaje de recorrido Madrid-Dublín transcurrió sin ninguna sorpresa añadida. El vuelo fue tranquilo y cómodo. Nos conformamos con ese pequeño bocadillo y ese minúsculo envase de zumo de naranja. La idea de parar en Dublín nos traía muchos recuerdos a Fede y a mí. Enseguida dejamos que la magia del trébol verde, el espíritu aventurero irlandés y la creencia en aquello pequeños duendecillos que caminan por los bosques de la isla, nos envolviera de un polvo mágico lleno de buenas vibraciones. Ya situados en el aeropuerto de Dublín buscamos un rincón donde callar los sonidos de nuestros estómagos, donde respirar profundamente para ser conscientes de nuestros movimientos y donde nos daríamos cuenta de que nuestro avión salía antes de lo que pensábamos.

-Es culpa tuya, Cristina. Te has equivocado mirando la hora.

-¡Oh Dios mío! ¡Esto es una señal-pensé, sin querer compartir ese inoportuno comentario.

Ambos saltamos de los taburetes donde reposábamos dos minutos antes del descubrimiento sobre la salida de nuestro vuelo. Cogimos las pequeñas maletas y con pasaporte en mano nos dirigimos a la puerta que nos correspondía. Por supuesto, la cola frenó la velocidad con la que se dirigían nuestros pies. Intentamos colarnos, escurrirnos entre la marabunta pero no funcionó. De repente, un policía con rostro pálido, mofletes rosados, uniforme bien planchado y zapatos ligeramente manchados de barro, nos pidió los billetes y nos informó de que debíamos pasar a la oficina de policía donde chequearían mis papeles y donde me darían un sello para comprobar que todo estaba en regla. Así lo hicimos, después de decir cien veces "sorry" me encontré atravesando una puerta marrón, gruesa y decorada con unos pequeños tacos de hierro que me indicaban que entraba en terreno privado, en el terreno de la ley. La señora que me atendió tenía un definido acento irlandés y su cercanía y simpatía hicieron que yo me tranquilizara. Firmé mis papeles mientras miraba la cara preocupada y desencajada de mi nuevo marido. Todo salió bien, conseguí mi sello en el pasaporte, el cual indicaba que ya era una residente permanente en periodo de trámite. Con el sello fui obsequiada con un gran sobre marrón que parecía sagrado. Ahí guardaban toda mi documentación y todos los papeles que me ayudarían a conseguir un estado más permanente en el país de las oportunidades. Bien, agarré mi sobre, alcé mis maletas que descansaban en la moqueta gris y Fede y yo nos dirigimos al avión.

-Aja, ahí está la tormenta de la que nos hablaba la tripulación-comentaba un pasajero sentado en primera fila y cerca del pasillo.

Sí-Fede y yo respiramos profundamente, al aire le costaba entrar en nuestros pulmones debido al espacio que habían ocupado las palpitaciones sufridas en los últimos minutos. Una vez sentados en nuestros correspondientes y adjudicados asientos, el avión despegó.

Estimados pasajeros: Nos dirigimos a Boston donde el clima es bueno y donde tendremos unos 30 grados aproximadamente.

"Me alegró saber que el calor nos daría la bienvenida…"

El viaje duró exactamente seis horas, el tiempo que da para comer en tres tandas, ver dos películas, echarse una siesta, ir al diminuto baño situado al fondo del pasillo cuatro veces y ojear una revista. Yo disfrutaba del trébol que me acompañaba cuando miraba por la ventanilla, era curioso encontrar ese símbolo que yo había decidido marcar en mi espalda cuando gozaba de la locura adolescente, ahí postrado en el ala del avión de Air-Lingus. Finalmente el pequeño puntito mostrado en la pantalla del asiento de enfrente nos informó de que ya estábamos descontando los minutos para llegar. Mis manos estaban frías y mis dedos de los pies encogidos debido al aire acondicionado. Empecé a mover mis articulaciones para recordarles que era yo la que mandaba sobre ellas y con efecto retardado conseguí su respuesta. El aterrizaje fue rápido, eficaz y preciso. El piloto se ganó un gran aplauso de parte de todos los pasajeros allí presentes y enseguida todos comenzamos a encender nuestros teléfonos y a recoger nuestras maletas. Federico estaba más callado de lo normal, reflexivo, imagino que muchas ideas y sensaciones se daban cita en aquella cabeza pensante. Yo sabía que él estaba contento de regresar a Boston y en parte porque allí estaríamos cerca de Patricia, su madre, pero por otro lado, mantenía esa sensación de tristeza, esa sensación de que nuestro capítulo en Europa se había terminado. También él dejaba buenos amigos atrás: Egoitz, Pierre, Ottavio... Ahora las cosas podrían ser más sencillas, trabajaríamos más duramente, organizaríamos nuestras vidas, pero los dos sabíamos que íbamos a echar de menos muchos ingredientes de la rica cultura española. No sólo extrañaríamos los pimientos de piquillo y el café en la barra de una abarrotada cafetería. Echaríamos de menos el calor de mi tierra, las vestimentas coloridas y alegres, las reuniones de amigotes o familia y el vino acompañado de un trozo de queso o de una tapita de patatas bravas.

"Considero más valiente al que conquista sus deseos que al que conquista a sus enemigos, ya que la victoria más dura es la victoria sobre uno mismo" (Arístoteles, 384 AC-322 AC)

LLEGADA A BOSTON: 15 DE AGOSTO DEL 2008, 4:00 P.M

Vuela pajarito, vuela,
no mires atrás,
déjate llevar...

Fíate del cielo, que el te indicará
el camino más corto
para volar con libertad.

Será en cielo abierto,
abierto para volar.

Así que no tengas miedo pajarito,
y deja tus alas agitar...

Entramos en el país ganando seis horas en nuestro día, comulgando así con la idea de los americanos: "El tiempo es oro". Después de disfrutar la sensación de no tener que esperar la cola de inmigración por llevar ese gran sobre debajo del brazo, atravesamos las puertas que se abrieron de par en par. Ahí estábamos Federico y yo, con nuestras grandes y pesadas maletas de ruedas y nuestras pequeñas y compactas mochilas en la espalda. Nuestras cabezas giraban de lado a lado buscando a la madre de Federico entre la multitud.

Ella tardó un poquito en llegar pero su sonrisa cuando nos vio iluminó la escena. Llevaba un vestido floreado de colores rosados y anaranjados salpicados en la tela. Su pelo delataba el toque de un secador que había moldeado su melena, un bolso negro colgado del brazo y se movía impacientemente hasta que su mirada se cruzó con las nuestras. Ella era una de las razones por las que estábamos allí, con nuestras maletas y con la fuerza de intentar una nueva vida en aquella ciudad. Sus ojos tenían un brillo destellante, ese brillo que sólo te da la felicidad. Nos vio, nos dio un abrazo y nos preguntó sobre el viaje. No pudo esconder que llevaba días esperando nuestra llegada. Tenía todo preparado, había metido unos CDs en su nuevo coche de música energética y étnica de muchos países africanos. Patricia había organizado cuidadosamente nuestro cuarto y había estado al menos un mes recogiendo folletos e información de cosas que nos podrían interesar en la ciudad. El cuarto de Federico no había cambiado desde que él lo dejó en su capítulo de adolescente. La pared estaba decorada con banderas colgadas, había pósters de diferentes temas a lo largo y ancho de toda la habitación y en el techo, un pañuelo negro y blanco que lucía el dibujo de un gran sol en el centro. En las estanterías había libros variados: libros en italiano, libros en inglés, diccionarios de español, revistas de cuando él estudió antropología, etc. Todos ellos se alineaban en las baldas formando un interesante collage de cultura y aventuras. Es interesante todo lo que puedes aprender de una persona, sólo mirando los libros que tiene en su estantería. Todavía tenía una televisión con un video, este segundo, con una versión muy anticuada y con un tamaño desproporcionado comparado con los aparatos electrónicos de hoy en día. Fue interesante posar las maletas en la moqueta roja de aquella habitación y transportarse a un momento anterior de Federico, un escenario basado en el pasado pero ahora con una situación presente, una situación que nos permitía viajar gentilmente al aquí y al ahora. Patricia estaba contenta, ilusionada y aunque lo disimulaba, también estaba intrigada y preocupada teniéndonos ahí. Ella llevaba ya más de ocho años viviendo sola, sin ser observada cuando se tomaba su café por las mañanas en su bata azul. Ahora, tenía a su hijo y a su nueva nuera bajo su techo, compartiendo cocina, salón y metiendo la comida en el mismo frigorífico. Imagino que esta nueva situación nos llenaba de misterio a los tres protagonistas allí presentes. El ser humano es tan impredecible que no sabe cómo puede reaccionar a las situaciones hasta que éstas pasan a la acción. Ahí estábamos los tres mirándonos las caras y preguntándonos si esa nueva situación funcionaría. Había muchas incógnitas que se dispersaban en el aire. Todos queríamos averiguar si Fede podría mantener su trabajo, si yo sería capaz de encontrar un colegio donde enseñar y si Patricia se encontraría cómoda compartiendo su espacio...

Los días pasaban y al principio, la sensación de vivir ahí era igual a la sensación que yo había percibido en anteriores ocasiones cuando visitábamos Boston de vacaciones. Era complicado creer que hacía dos días estábamos viviendo en aquella ciudad con aire de pueblito costero de España y que ahora, sin saber cómo, estábamos viviendo en aquel lugar de "New England". El tiempo pasaba e íbamos deshojando el calendario a una velocidad casi impensable. Mis esfuerzos por conocer la ciudad eran cada vez más intensos ya que empezaba a sentir que era allí donde yo vivía ahora. Enseguida aprendí a manejarme con el metro, conseguí familiarizarme con el acento de Boston y aprendí a que interrumpir a alguien cuando está hablando es absolutamente inaceptable, cosa que tardé en corregir unos meses debido a mis orígenes en aquellas reuniones con mi familia y en aquellos encuentros con las altas y pasionales voces de mis amigas. Simplemente, la forma de mantener una conversación era absolutamente diferente, la discusión no estaba tan permitida como lo estaba en los rincones de España. Mi primera impresión sobre este nuevo comportamiento aprendido fue que debía tener cuidado por mostrar respeto y atención absoluta a la persona que estaba hablando. En España yo podía interrumpir a alguien para dar mi opinión y así dar mecha a una animada conversación. Sin embargo, aquí era diferente, cada uno tenía su turno, como en la pescadería.

-Bien, ésta también es una buena forma de comunicarse- pensé-eso sí, a partir de ahora escucharía a alguien hasta que terminase su exposición y a continuación intervendría yo cuidando mis palabras y opiniones, prestando atención para no ofender a nadie. Mis actuaciones en este nuevo escenario serían más calmadas y meditadas. Aprendí mucho sobre este interesante aspecto en nuestras reuniones familiares. El día que nos juntamos todos: Federico, el tío Rick, un Santa Claus hecho realidad, el Tío Harvy, una persona práctica, la risueña tía Beth, Patricia y los primos de Federico: Mathew y Lana, me impresionó el momento en el yo contaba una historia y todo el mundo me escuchaba. Lo único que se movía eran las cabezas de asentimiento de todos los allí presentes. Ahí cuidé mis frases y palabras para no decir nada inapropiado, hecho que me ayudaba a la hora de expresarme en ese medio de comunicación anglosajón.

A veces siendo extranjera,
te sientes como una pasajera,
pasajera de un viaje por el cual no se paga peaje.

A veces, ayuda ser extranjera,
porque todo es nuevo y porque comienzas la vida como una carrera,
sabiendo la hora de salida
pero sin tener ni idea de la hora de tu meta.

Cuando eres extranjera,
parece que puedes explorar toda una vida entera...

Las cenas en la casa de Patricia eran una buena oportunidad para cocinar y para beberse unos merecidos vasos de vino. Era el momento del día en el que Patricia llegaba de su trabajo en el Instituto de Somerville, Fede regresaba de su jornada en una oficina que había alquilado la empresa de una forma temporal y yo entraba en la casa después de mis aventuras en la ciudad buscando trabajo. A la vez, yo seguía esforzándome también para terminar una tesina que estaba escribiendo sobre el idioma del español para los inmigrantes que querían trabajar en el ámbito del turismo. Diferentes formas de pasar un día se encontraban allí en esa mesa, dando lugar a amenas y largas conversaciones acompañadas de una buena y apetitosa cena que presidía ese mantel con cuatro patas. Siempre me ha gustado hablar con Patricia; es una mujer que tiene muchas cosas que contar, un pasado rico y variado marcado por su viaje como mochilera por Europa, del cual, como fruto de esa aventura, su hijo nacido; Federico. Una mujer que combina un pasado apasionante con un presente como profesora de inglés como segunda lengua, es decir, enseñando inglés a las personas que no tienen este idioma como lengua nativa, aquellos sedientos de aprender esa herramienta de comunicación para poder aplicar y optar a una vida digna y exitosa en EE.UU. Ella sabe escuchar y cuando habla lo hace de una manera pausada y pensativa, imagino que también la razón del ritmo adquirido a la hora de comunicarse, se debe en gran parte a que sus días están guiados por personas que no hablan inglés con fluidez. Patricia sigue manteniendo un look hippy, un look individualizado y hecho a su medida. Se aprecia en su apariencia su carácter soñador y puede adivinarse que posee un diario lleno de aventuras y pasiones vividas en su viaje en el pasado. Ella siempre me ha tratado con mucha delicadeza, ha sabido convertir los momentos sencillos y cotidianos en momentos especiales y memorables. Ella está siendo un gran apoyo para mi y para Federico en nuestro nuevo capítulo y cuida con detalle los momentos que compartimos para que perdure el entendimiento y la calma.

Es curioso pensar que la historia de Patricia se ha repetido en su primogénito. Fede no sólo ha heredado su color de pelo y ojos, también ha heredado y vivido una experiencia vital parecida a la de ella en sus años posteriores a la universidad. Ambos cogieron la mochila dirección Europa, Patricia lo hizo sola y Fede lo hizo acompañado por su amigo Chris. Ambos encontraron allí a una persona que cambió sus rumbos, y ambos intentaron marcar una vida en destinos situados a las orillas del Mediterráneo. La gran diferencia fue que Patricia llegó a Europa con un sentimiento aventurero e incierto, y Federico contaba con un plazo de tiempo ya determinado para su viaje y con un bolsillo lleno de ahorros que durarían sólo durante ese periodo. Esta diferencia unida al privilegio que tenía Fede en su posesión: el pasaporte que le reclamaba como ciudadano italiano. Patricia nos ha contado cosas de su viaje pero para que te cuente los detalles, tiene que haberse tomado unos vasitos de vinos y encontrarse animada para entrar en detalles. Ella tuvo un viaje emocionante, impredecible y pasional, nos ha contado que fueron muchos los días en los que no tenían demasiados recursos y vivieron momentos difíciles. En uno de los capítulos de su viaje se encontró en una Barcelona franquista a diferencia de Federico que aterrizó en una España socialista. Muchas diferencias entre sus dos experiencias pero compartiendo la misma base: un amor encontrado y un éxtasis vivido provocado por la libertad de sentirse en un país nuevo. Ambos gozaron de la oportunidad de modelar un personaje propio ante los nuevos espectadores que se alineaban a sus alrededores...

El teléfono de Federico no ha parado de sonar desde que hemos llegado, los amigos están contentos de saber que su colega del instituto ha venido a Boston, y con él, su nueva esposa, la cual hace grandes esfuerzos por entender su jerga y sus conversaciones en los pubs con una música alta de fondo. Los amigos de Fede son los mismos que los del Instituto, un prestigioso colegio de Boston, en el cual Federico aprendió muchos valores y conoció a gente con proyectos ambiciosos. Fede debió de causar una buena impresión a los directores del colegio cuando hizo la entrevista para entrar en aquel prestigioso colegio. Gracias a su carácter, su todavía perceptible acento italiano y su habilidad con los deportes, consiguió una beca que le permitió compartir libros de texto y pupitre con personajes de alto nivel de la ciudad de Boston, mucho de los cuales terminarían estudiando en las más prestigiosas universidades como Harvard o MIT. De ese lugar vienen sus amigos, una combinación interesante de personajes con contrastes entre ellos pero que se enlazan como una perfecta y finalizada fila de fichas de dominó. Tenemos un abogado, un arquitecto, un fontanero, uno que trabaja en la construcción y un profesor de estudiantes complicados en un instituto de una zona poco pivilegiada de Boston. Todos se reúnen al menos dos veces al mes, donde las memorias y los recuerdos de su época en el instituto toman protagonismo. La mayoría siguen manteniéndose en forma pero ninguno de ellos disfruta ya de los marcados músculos del brazo de los que presumían en sus años de instituto. Desde el momento en el que me conocieron, siempre se han portado muy bien conmigo. Uno de ellos, Nat, un día me dijo:

-Cristina, welcome to the family-esa frase venida de un tío duro como él, me hizo sentir bien.

Todos son "friendly" y amables, y las carcajadas fluyen libremente cuando están juntos. El grupo ya va creciendo, cada uno ya va trayendo a su esposa, novia o amiga temporal y esto añade más emoción a los encuentros, aunque imagino que también cambia la dinámica de grupo a la que estaban acostumbrados.

Sol alegre de verano,
no dejes de salir porque el otoño haya llegado.

Alimenta a las flores y hojas,
o los árboles se irán secando.

Sol alegre de verano,
¿Por qué me has abandonado?...

Recuerdo aquellos días de luz añorados,
donde salías contento y te quedabas a mi lado.

Ahora que el otoño ha llegado,
sólo me has dicho
que espere a la primavera
y que enseguida las flores dejarás que vea.

Te dejaré que te escondas en esta estación,
pero recuerda que aquí hay un alma que te espera...

Boston es una ciudad dibujada y trazada por las orillas del Charle's River. Fundada en mil seiscientos treinta. Es la ciudad más poblada de Massachusetts y una de las ciudades más antiguas de los Estado Unidos.

En el centro de la ciudad hay dibujada una línea roja en el suelo que te transporta al pasado. Este recorrido se llama "Freedom Trail" (camino de la Libertad), se trata de un itinerario de ocho kilómetros que recorre los lugares más importantes sobre el hecho histórico que dio lugar a la independencia americana. Siguiendo esta línea roja puedes ver el cementerio de Granary, donde encuentras: nueve gobernadores de Massachusetts, los padres de Benjamin Franklin, Paul Revere y Peter Faneuil, todos nombres clave de la historia americana.

Uno de los momentos más fascinantes de mi día a día en Boston es cuando me monto en aquel antiguo metro. Después de un trayecto en la profundidad y en la oscuridad, al son de la música chirriante provocada por el paso de los vagones en las oxidadas y viejas vías, después de este breve momento, el tren sube de aquel lugar subterráneo y entra en la ciudad, enseñando a todos los pasajeros una de las más bonitas fotos de Boston. El río cobra protagonismo y los altos edificios negros y grises se sitúan alrededor de sus aguas. Algunas de las torres tienen espejos en las fachadas, donde se pueden ver reflejados los diferentes ángulos del paisaje. La siguiente parada es Park Street, un lugar donde se concentra gran parte de la actividad diaria de la ciudad y donde cerca, también se encuentra la parte financiera, ahí el decorado cambia y se pueden ver personajes trajeados y vestidos de negro y blanco, la mayoría de ellos con un portátil y un café en la mano como compañeros del día.

Después de una desilusionada y enfadada América dirigida por el presidente Bush, muchos de los ciudadanos (exactamente: 66.882.230) de este gran país, juntaron sus votos consiguiendo la elección del primer presidente afro-americano de los Estados Unidos. La alegría y la esperanza de cambio embriagaban la ciudad. El mismo día en el que los aquí presentes nos íbamos a la cama ya sabiendo los resultados, el ambiente era de fiesta, de ilusión, de esperanza... El coraje de Obama nos había convencido, y todos estábamos dispuestos a divisar una América de cambio, un estado diferente. Yo me alegré de encontrarme en este lugar, en este momento tan importante, tan histórico. Era para mí un placer ahora vivir en este país de ilusión y tolerancia. Ahora, yo podía dejar atrás mis pensamientos de desconcierto ante un país guiado por una orquesta dirigida con la torcida batuta del anterior director. Por supuesto, esa mañana, no todos gozaban de la misma alegría y también puedo empatizar con este miedo al cambio. Pero a mi me reconfortaba pensar que había un personaje que iba a luchar a capa y espada por la igualdad y por un derecho a la sanidad que a todos nos corresponde por el simple hecho de ser humanos...(frases escritas, con todo mi respeto por los que no se encuentran en este barco de creencias). Tomaré prestada la frase favorita de Obama durante las elecciones: *"Yes, we can!"*

Hay muchas cosas de las que podría hablar sobre esta tierra de oportunidades. Son muchos los ingredientes que llaman mi atención cada día de mi existencia aquí. Podría empezar, describiendo la fuerza que tienen las estaciones en esta parte Este del País. Es inigualable la manera en la que las cuatro músicas cantan con diferente entonación: La primavera es intensa y breve, son muchos los árboles que florecen ofreciendo un paisaje lleno de color y buen aroma. Hay árboles como el "Maple tree" o el "Cherry tree" (manzano y cerezo). Las magnolias crecen por todas partes como lo hacen los champiñones en el monte después de la lluvia, y los personajes de este escenario se embriagan de polen contagiándose del renacer de las flores. Todos salimos de nuestros iglús después de un largo y gélido invierno. Todos los aquí presentes celebramos la festividad de la primavera.

Cuando la dama de las flores desaparece, el verano viene en nuestra búsqueda. Las actividades que se pueden realizar aquí son interminables pero son los lagos y las montañas quienes recogen el protagonismo en estos lares. El invierno, éste es difícil y largo. Las primeras nevadas son preciosas, como si un pintor tiñera la ciudad de blanco o como si un cocinero untara la ciudad de nata montada. El paisaje tiene luz, el reflejo de la nieve ilumina el escenario. Al principio es emocionante ver como se acumulan los copos de nieve en el asfalto formando montañas de blanco y limpio merengue, pero después de las alegrías causadas por las primeras apariciones, vienen las siguientes, y las siguientes y unas cuantas nevadas más. La ciudad se llena de pequeños pingüinos andantes, con abrigos hasta los pies y guantes en las manos; todos ellos van de casa al trabajo y del trabajo a casa… Los lugares al exterior pierden su atractivo y todos aquí buscamos como ovejas el calor del hogar, el calor que sólo emana la sensación de estar en casa… El Señor otoño aquí es poderoso. Es momento de recoger las manzanas de los árboles y es fácil dedicar esos días a la recogida de este delicioso fruto debido al gran número de manzanos que tenemos en nuestros alrededores, los "apple trees" tienen una tonalidad espectacular en esta época, sus hojas son rojizas como la sangría, combinando esta tonalidad con colores amarillos y anaranjados… Todos ellos se apilan en la misma gama de colores, creando un delirio cromático.

Desde que he llegado a esta parte del globo terráqueo, parece que mis días son más cortos. La verdad es que no sé por qué. He compartido esta idea con otros españoles que viven por la zona y tienen la misma sensación. No sé, estoy empezando a pensar que las tapitas que no me tomo aquí después de trabajar o las cañas que no me bebo a las cinco de la tarde, van a ser la respuesta a esta cuestión que lleva varios meses rondado en mi cabeza. Lo que si puedo confirmar es que aquí la población se levanta más temprano, el día empieza antes que en la rezagada península...

Un hecho que me hace feliz, que arranca mi sonrisa, es lo bien que le tratan a uno en los lugares públicos, en ellos incluyo bancos, restaurantes, bibliotecas... Es muy probable que alguien te reciba con una sonrisa al entrar y que te desee un buen día al salir. Sí, lo sé, a veces tienes que pagar por eso, no se olviden que estamos en el país de las propinas. Pero a mi no me molesta, lo hago sin recelo. Prefiero pagar al camarero, que al dueño del restaurante que jamás tengo el placer de conocer... o el disgusto, no lo sé...

Sobre todo en los meses donde hace calor, las calles, las carreteras y cualquier espacio abierto se convierte en un continuo maratón de corredores, los hay de todos tipo y todos se unen a la filosofía de poder quemar esas grasas saturadas y ese temido colesterol estancado en sus arterias. Boston tiene un aire deportivo, las vestimentas marcan este estilo también, y en la calle se lleva el modelo práctico y cómodo más que el elegante y sugerente.

Las ardillas aquí están por todas partes. Recorren los troncos de los árboles, los postes eléctricos y cualquier otro lugar por donde puedan trepar. Estos pequeños y ágiles animales han nacido para ser equilibristas, son capaces de pasar de un lugar a otro caminando tranquilamente por una cuerda. Las ardillas tienen unas pequeñas manitas que podrían ser las de un bebé, las cuales usan ágilmente para pelar frutos secos. Estos animales llaman mucho la atención de los extranjeros, ya que imagino, que muchos, como yo, no habían visto ninguna anteriormente....

Las casitas de este paisaje son muy variadas: de diferentes colores, combinando distintos materiales como el ladrillo, la madera, el cemento o el material laminado usado en las casas prefabricadas. El modelo de casa suele seguir el ejemplo en el que todos pensamos cuando dibujamos una; triángulo arriba a modo de tejado y rectángulo abajo a modo de hogar. Los aquí presentes decoran las casas como si se trataran de templos familiares. Las festividades son un buen momento para poner luces en el porche o para colgar unas flores primaverales de la ventana. Las casas se visten de distinta manera dependiendo de la ocasión. En invierno parecen iluminadas, elegantes y muchas veces sobrecargadas. En primavera lucen flores de colores en sus entradas y jardines. En otoño son muchas las casas que enseñas sus tonalidades más cálidas, y en este periodo del año son numerosas las que se disfrazan para recibir a Halloween con murciélagos y brujas en la puerta. El verano es más variopinto, pero sí que hay un día que marca tendencia: el cuatro de Julio vuelve a traer un motivo de vestimenta a los hogares, alzando las banderas americanas y cualquier otros artilugio que demuestre el orgullo del pueblo estadounidense...

Como en todos los lugares aquí también encontramos un motivo para el que juntar y apilar a la multitud para alzar sus cuellos como avestruces, dirigiendo sus miradas hacia el televisor en los bares. Este efecto social, se llama "Celtics y Red Sox". Ambos, el baloncesto y béisbol, definitivamente son el opio del pueblo...

Sí, estos son parte de los elementos que más me llaman la atención. Boston es una combinación de todo un poco, de acentos, de tipos de vestimenta, de clases sociales, de culturas y por ello es complicado meter a todos en el mismo conjunto de elementos. Así que esa ha sido mi pequeña aportación de los elementos que pondría yo en el conjunto B, B de Boston.

Esta parte del mundo es espectacular,
es una marea de idas y venidas
con continuas oleadas de gente.

Gente que viene,
gente que va…

Me quedé aquí sentada,
practicando mi pasatiempo favorito…
Basado sólo en el hecho de ver a la gente pasar…

Y no me puedo olvidar de los "cakes" o de las "cookies" y de la dulce y sabrosa técnica con la que hornean los postres. Paraíso del azúcar y del chocolate, lo que supone una tentación constante en cada uno de sus rincones… Las recetas de los postres y galletas son propias y genuinas, y son ellos, los que son unos artistas juguetones del azúcar, la mantequilla y la harina. Las barbacoas son también un elemento muy presente en los encuentros sociales y son partícipes de sus platos…

Esta claro, que cuando uno vive en una ciudad como ésta, donde los personajes se sientan en su cafetería favorita con su café y su ordenador como compañía predilecta, a uno le entran ganas también de escribir una tesis o de estudiar el desarrollo de las moléculas en las enfermedades patogénicas. Es fácil, dejarse contagiar por el afán de lucir un título debajo del brazo y por la ilusión de llegar a tocar el $ con las yemas de los dedos debido a la preparación ya conseguida entre paredes como las de Harvard o Tufts. En muchos rincones, es una ciudad culta y desde mi punto de vista, es una buena solución encontrada a la obligación de estar bajo techo durante casi tres cuartas partes del año debido al frío. Al contrario que en California, en la que muchas actividades están diseñadas para disfrutarlas al sol, tentación que distrae a los estudiantes y profesionales a la hora de decidir si estudiar una tercera o cuarta carrera. Boston, es un lugar donde la investigación se da cita y donde los anuncios de las últimas páginas del periódico del Metro se pelean por llamar la atención de los que están animados a ponerse en mano de las tentativas de nuevos medicamentos y tratamientos. Ah! y de los donantes de esperma o de los que quieren dejar de fumar desesperadamente.

-¡Señores, silencio!: Esta película va a empezar,
trata de las diferentes "vidas" que la "vida" te puede regalar.

En esta película verás, que la gente vive lo que la vida le da.

A veces, cogen lo que tienen,
y, a veces, deciden cambiar.

-¡Señores, silencio!: Que estamos viendo la película de la realidad.

Nuestros personajes vienen de todas la partes del mundo
y se dedican a lo que hacen en lo más profundo.

-Señores, silencio: Que es interesante ver esta parte de la ciudad.

Y, sentados con un café,
veremos una película de calidad... La vida misma hecha
realidad...

Mis primeros meses en Boston transcurrieron rápidamente. Fede y yo seguíamos buscando la formula de amueblar nuestra vida con un poquito de "Feng Shuit". El se sentaba en su mesita de despacho y con un pinganillo colgado de la oreja, concentraba su mirada en una pantalla de ordenador que mostraba mapas digitales con avanzados diseños y colores llamativos. En el momento en que nos establecimos, la empresa de "Flashmaps" se encontraba en buena forma y los clientes llamaban constantemente pidiendo presupuestos a sus ideas sobre los mapas que querían mostrar en sus páginas web. Al principio todo iba bien pero ahora ya, en el dos mil diez, la empresa comenzaba a sentirse salpicada por la reducción de los costes de las compañías y del miedo de la sociedad ante la idea de un posible "crack del 29" en pleno siglo XXI. La necesidad de tener un seguro medico mientras Obama conseguía el apoyo de los republicanos, y la búsqueda de la medicina para curar el sistema que llevaba tantos años padeciendo la grave enfermedad de sólo poder ser curada por y para los ricos, mientras llegaba ese momento, todos aquí depositaban un dinero mensual a sus seguros médicos para cubrirse las espaldas ante la presencia de algo inesperado. La crisis se escuchaba en las noticias y se veía en los telediarios, sin embargo los restaurantes seguían animados y las personas seguían disfrutando de los pequeños placeres de la vida.

Por mi parte, he tenido suerte, parece ser que he aterrizado en un buen momento para ser profesora de español. El idioma crece aquí como la espuma debido a los latinos y españoles que andamos por estos lares, y con ellos, la filosofía de procrear y de traer niños a escena. Esta situación ha conseguido que la globalización haga otra vez su aparición empujando y animando a los aquí presentes a aprender español, para añadir un plus a su sueldo mensual.

Hace más de una década, los colegios e institutos daban preferencia al francés, debido a la cercanía con el país vecino de Canadá y al ejemplo de la ciudad bilingue de Montreal, pero hoy en día, lugares de la ciudad como "Jamaica Plain" en Boston y la presencia del apellido "Gonzalez" en el censo, nos hacen saber que el conocimiento de esta lengua nos da una herramienta poderosa con la que podernos comunicar entre todos. Desde que llegué, no paré ni un sólo domingo de comprar el periódico "Boston Globe" y así comencé mi rutina que se trataba de sustituir mis visitas a la iglesia por la tarea de subrayar los anuncios que decían que buscaban "Spanish Teacher". Imagino que El, el de arriba no estaría contento con este cambio pero también yo tenía como excusa que no acababa de entender todas las opciones de religiones que me ofrecía mi nuevo destino, cada día estaba más confundida respecto a este tema, ya no sabía si era "Catholic, Roman Catholic o una oveja perdida en busca de su pastor".

Con el buen tiempo, siempre llega la posibilidad de pasar los días en una casita de verano que tiene la familia de Fede, situada en uno de los pueblitos de New Hampshire, el que hace muchos años bautizaron con el nombre de Madison, cerca de Conway.

A unos kilometros de Massachusetts, hacía al norte, se encuentra este ya mencionado estado de New Hampsire. Un lugar distinto a su estado vecino, Massachusetts. La vida ahí está plenamente orientada a la Naturaleza gracias a sus estrepitosas montañas (The White Montains) y debido a sus lagos que se reparten a lo largo del paisaje. Las montañas rodean el estado ofreciendo a los residentes y turistas de la zona un sinfín de atracciones que sólo la Naturaleza puede regalar. Los ríos y los lagos también contribuyen a su riqueza y las casas salpicadas en el paisaje, mantienen el conjunto con armonía.

En este estado, entre los frondosos bosques, hay un lugar llamado "Boulder Farm"; un tesoro que comparten varios familiares de Federico. Es una gran casa roja de madera, situada en lo alto de una colina y que fija su mirada a una de las más conocidas y visitadas montañas del Estado ("The White Montains"). Fue una casa construida hace ya seis generaciones. Un lugar que se ha conservado como lo dejaron sus creadores. Un rincón que consigue reunir a la familia al menos en tres ocasiones al año, y un espacio del que se puede disfrutar en los meses de verano. La casa tiene un olor especial, un aroma que te transporta al pasado. Las paredes interiores se mantienen de madera. En la planta de abajo, se encuentran en orden armónico: el salón, la cocina, el comedor y dos habitaciones con un baño compartido. Los libros decoran las paredes de estos rincones y en cada esquina hay un objeto antiguo que enriquece el mobiliario. La cocina, en definitiva, es el lugar donde no sólo se juega con los fogones, sino que aquí también se charla, se llenan las copas de vino, se prepara el queso con el pan para tomar el aperitivo y se cuentan historietas y anécdotas que nos trasladan a todos a los comienzos de esos cimientos, a veces hasta me da la impresión de que yo también conocí a la Tía Christina y a George Baker. Supongo que este mensaje refleja el buen trabajo que hacen los participantes para mantener el pasado siempre en un presente, por lo menos, en ese escondido y mágico lugar. Al lado del comedor, justo después de pasar la larga y ovalada mesa de madera que preside este espacio, hay una puerta que te lleva a una de las esquinas de la casa, y ahí mismo, un porche que divisa un paisaje verde, de naturaleza abrupta y de tranquilidad serena. Entrando otra vez en la casa y subiendo las escaleras, se encuentran las habitaciones y el otro baño, cada uno de los dormitorios tiene un nombre y con ello, una personalidad designada. Cuando Fede y yo estamos en la casa, siempre dormimos en la habitación de George y de Christina, dos de los mayores responsables de este misterioso y apreciado lugar. En el escritorio de la habitación uno puede encontrar desde cartas que se escribieron cuando ellos se encontraban distanciados hasta fotos, muchas fotos, todas en blanco y negro y con las esquina cuarteadas debido al paso del tiempo, como si hubieran sido recortadas por unos dientes de ratón. La combinación y la suma de cada elemento de este lugar, dota a esta casa de un prestigioso estado de tranquilidad y equilibrio; una sensación de la que nos embriagamos todos cuando nos encontramos entre esas paredes, uniendo un presente con olor a historia, una actualidad con aire de un pasado, un lugar que fue y que sigue siendo, una sensación inexplicable... Los domingos en los que todos coincidimos allí, un incitante aroma a "pancakes" suele levantarnos de la cama. Nuestros pies y nuestras ganas de llevarnos ese rico olor a la boca, nos dirige a las escaleras y de ahí con un pequeño esfuerzo más, llegamos a la mesa colocada en el comedor, aquella que está situada al lado de la chimenea. La misma mesa que lleva reuniendo a la familia a pesar de tratarse de distintas generaciones y la misma que ha escuchado las diferentes conversaciones mantenidas a lo largo de varias décadas. Todas estas palabras emitidas por las distintas personas que llevan algo en común, el apellido Baker en la sangre.....

Siguiendo con mi búsqueda de trabajo, las entrevistas se quedaban apuntadas en mi agenda, dando una imagen errónea de mujer ocupada, teniendo en cuenta que mi nuevo trabajo era el de estar desempleada. Durante meses imprimí más de diez mapas donde podía ver las direcciones para llegar a los colegios, institutos o universidades deseadas. Finalmente, después de recibir mi "green card" y después de dejar mi trabajo temporal en aquella academia de idiomas de Park Street, encontré un colegio donde buscaban desesperadamente una profesora de español antes de que la actual tuviera a su bebé en el aula debido a la falta de personal. Ahí estaba Laura, con una incipiente tripa pero ya en estado avanzado. Después de una entrevista corta y amena con ella y con dos de las directoras, firmé mi contrato en el "Colegio Internacional de Boston", un pequeño rincón francés en medio de la ciudad. Laura y yo conectamos al minuto, ella era de Madrid, enseguida comenzamos a charlar sin tapujos, compartíamos la cultura así que eso hacía que la conversación fluyera con un cauce ligero...

-Bon jour! She is going to be your new Spanish teacher until Laura comes back!- Yes! Finally, I thought !!!

El bebé de Laura un día decidió colocarse en un lugar de su vientre provocando que ella girara su espalda sin conseguir reponerse de esa incómoda postura hasta que el adorable Raphael nació, acto que hizo que yo me incorporara en el trabajo antes de lo esperado. El pinzamiento en una de las vértebras de Laura había hecho que la nueva "Spanish teacher" empezara antes de lo previsto.

Esa heladora mañana, lunes, seis de enero, Fede me llevó al colegio en coche y en la puerta me hizo saber que todo iría muy bien.

-Cristina, los niños te van a adorar y lo vas a hacer estupendamente-me dijo él con convicción.

Me sentía indefensa, como una niña en su primer día de colegio, sólo me faltaban las coletas, el batín y la bolsita con el almuerzo. Apenas yo mido un metro sesenta y dos (bueno, puede que un metro sesenta y uno) y mi imagen aniñada no me ayudaba en esta situación en la que esta vez me sentaría en la parte de atrás del escritorio de la maestra, enfrentándome al crítico público que esperaría con ganas para saber cómo serían sus nuevas clases de español. Es curioso como algunas situaciones o algunos grandes momentos en la vida, consiguen que una se haga pequeña como le ocurre a Alicia en el país de la maravillas en sus encuentros con el conejo y sus otros amigos. Así me sentía yo, todavía no acababa de creer que ya vivía en EE.UU. (tardé unos meses en hacerme a la idea) y era difícil pensar que tenía que armarme de valor y hacer mi actuación frente aquellos pequeños personajes, los cuales formaban parte de un exigente público.

Señor, Mister, Monsieur:
¡Bienvenidos al master de "to be proffesour"!
Uniremos las leguas para formar una clase,
y el único que sabrá español, será el servidor.

Intentaré enseñarles mi idioma,
no se rían que esto no es una broma...
Si han venido a aprender,
siéntese ahí, que es esto lo que les enseñaré...

Si lo que quiere el italiano es echarse una novia española,
empezaremos por el "hola".
Si lo que quiere el francés es tomarse un café,
enséñele primero que aquí se toma de pie.
Si lo que le apetece es vivir en Barcelona,
deberá aprender que esta ciudad está cerca de Tarragona,
y si lo que le apetece es sólo aprender,
prepárese que nuestro subjuntivo es más complicado que el
"passé composé"...

Tengan ustedes paciencia,
que profesores de español llegarán a ser,
por lo menos en este viaje aprenderán lo que no se debe hacer...

-Buenos días a todos-me presenté en la clase después de posar mi negro y abultado bolso y mis libros en la mesa. Mientras iba presentando la obra que iban a observar durante los próximos meses, yo iba admirando con curiosidad las caras de mis nuevos espectadores para saber si podían entenderme. Mi intención era hablar casi todo el tiempo en español y a través de mis amigos y aliados "los gestos" podría conseguir que mis pequeños personajes me entendieran y que no se durmieran en los laureles al ver a aquella aspirante a actriz actuando y gesticulando. El colegio era muy interesante, era una escuela francesa situada en uno de los rincones de Boston. Muchos de los niños que estudiaban ahí tenían padres franceses que por razones de trabajo se habían ido trasladando a diferentes países dependiendo de la ciudad que les requería en ese momento. Ahora estos niños estaban en Boston y disfrutaban abiertos a la posibilidad en la que en los siguientes cursos podrían estar en países como la India o China. Esta forma de vivir, había dotado a muchos de ellos de la riqueza y de la cultura del conocimiento del mundo desde una tierna y primeriza ventana. Muchos de ellos, habían aprendido a vivir el día a día porque no sabían donde estarían los próximos años, esta actitud les daba la oportunidad de disfrutar del momento... Lo positivo de este hecho fue, que yo enseguida me sentí comprendida y en el mismo barco, ellos entendían que yo tuviera un acento en inglés y el error lingüístico estaba permitido en aquella sala. La clase era de color azul, varios pósters empapelaban los espacios del lugar. Teníamos fotos, imágenes y láminas que nos introducían al mundo del castellano, entre ellas, estaba la foto de Penélope Cruz en su papel en la película "Volver".

Los días fríos de enero fueron desapareciendo como si se los llevara el cortante viento de invierno. La nieve seguía haciendo su presencia en nuestros paisajes y los niños jugaban con ella como si se tratara de una compañera de la que todos sabían que desaparecería en unos meses. Los muñecos de nieve con sus narices de zanahorias y las batallas de bolas eran parte de la rutina del día a día. Durante esos tres meses disfruté de mi debut como profesora de español y ahí también me di cuenta de la profesión que había elegido. Esto no sólo era un trabajo que acababa en mi oficina a las cinco como los trabajos que había tenido anteriormente, esto sería un estilo de vida, un estado continuo en el que abundarían los papeles y los libros de textos. Un nuevo mundo que se abría ante mí como una caja de bombones. Un apasionante capítulo guiado con imágenes, ideas creativas, pósters, juegos interactivos y cualquier otra herramienta que consiguiera la atención de los allí presentes, todo esto entre papeles y más papeles para corregir....

Tardé un tiempo en comprender que el frío puede ser tu gran enemigo si te sorprende indefenso y desprovisto de la ropa adecuada. Hay que enfrentarse a él con las armas necesarias: un buen gorro que te tapen tus auriculares, unos buenos guantes que cubran tus manos, unos buenos calcetines que prometan hacer bien su trabajo y no dejar que el enemigo se apodere de ellos, unas buenas medias debajo de tus pantalones, y por supuesto, y lo nombro en ultimo puesto debido a que es él quien tiene que esperar el ultimo turno para ser llamado, un buen y generoso abrigo. Aprendí la lección una vez que llegamos a febrero, jubilé mis atractivas chaquetas y las sustituí por un señor abrigo. El me acompaño febrero, marzo y abril. Sí, el invierno no se rindió en marzo cuando todos proclamamos y celebramos la llegada de la primavera, esperó a escondidas hasta abril para desaparecer con las orejas gachas como un lobo intimidado. Finalmente fue la primavera quien ganó la batalla y se vistió con sus mejores galas. Nunca se me olvidará el día que fuimos a celebrar un acontecimiento festivo con Patricia y con el tío Rick. Acudimos a un parque natural a las afueras de Boston. Las "lilacs" vestían con los colores que mejor les sentaban, estaban preparadas para la fiesta. Predominaban los tonos rosas y los violetas. El olor que desprendían era fresco y atrayente. Parecía como si alguien hubiera salpicado desde arriba a todos los allí presentes con un mágico polvo. Este convertía las caras tristes, en caras alegres, las madres estresadas, en figuras más relajadas, los niños desmotivados por el invierno, en personajes llenos de vitalidad dispuestos a moverse como si les hubieran cortado los hilos que les ataban a los lugares cerrados. Era la receta perfecta, era para todos una sensación de liberación. Yo nunca había sentido este estado de frescura, nunca en mi vida, y seguramente es porque nunca había esperado la primavera con tantas ganas. Yo lucía ya un color blanquecino y mis hombros habían cogido la posición de encogimiento como un estado rutinario del día a día. Todos ahí habíamos pasado mucho tiempo en las tinieblas, atontados por el calor que desprendían las calefacciones centrales. Todos los allí presentes, disfrutábamos de la misma sensación de éxtasis, de agradecimiento a la llegada del buen tiempo. La cuidad comenzó a oler a barbacoa y los planes de fin de semana se basaban en reuniones familiares o de amigos frente al grill comentando el estado de las hamburguesas y de los "hot dogs".

No estaban solamente las lilacs participando en el paisaje, les acompañaban todo tipo de flores y árboles coloridos. Muchas casas tenían sus particulares guardianes, enormes girasoles, como yo nunca había visto. Y pensando en ellos... si me pidieran ahora que me identificara con un elemento, el elegido sería éste; un girasol. Mi cabeza siempre se mueve en dirección al sol, buscando esta generosa y colorida estrella. Mi humor mejora y se enriquece cuando toma su vitamina, mi cuerpo se estira como el de esta flor y no es que yo dé pipas, pero si he decir que me siento más generosa y más animada a compartir.

-¡Vacaciones!- gritaron los niños después de escuchar el sonido de la campana.
-¡Vacaciones!- gritamos los profesores en silencio.

Todos allí estábamos pletóricos sólo de pensar que había llegado el momento de descansar durante la semana de abril. Muchos de los alumnos se irían a Francia a visitar a los amigos y familiares y otros muchos nos quedaríamos aquí disfrutando de actividades al aire libre. Yo estaba feliz por la noticia de estar de vacaciones, finalmente podría desconectar de mi nueva ocupación, pero por otro lado, era el inicio de un periodo de incertidumbre que me llevaría otra vez la búsqueda de trabajo. Laura volvería después de disfrutar intensamente de tres meses en presencia de su nuevo bebé y las cosas volverían a la normalidad para ella y para sus estudiantes. Me dio pena despedirme de todos aquellos pequeños personajes. Me hubiera gustado poder explicarles todo lo que yo había aprendido en esos tres meses pero estaba claro que tenía allí una fuerte competidora que era la palabra vacaciones así que me despedí fugazmente de ellos, limpié mi taquilla, dejé los libros en la mesa y me fui caminando a casa, recuerdo que varios de los niños me dieron tarjetas agradeciéndome las clases que habían recibido durante esos días. Me dirigí a nuestro nuevo hogar, un pequeñito y acogedor apartamento situado en College avenue, una calle a diez minutos caminando a paso lento de la parada de metro de Davi's square y al lado de un emblemático edificio donde mostraban películas y donde daban también cita conciertos y obras de teatro. Un lugar coqueto, con una sola habitación pintada de un color naranja chillón y con un salón con una pared de color azul. En sus huecos colgamos algunas de las pinturas que había pintado Fede en su periodo más inspirador que fue durante nuestro capítulo vivido en Santander. Los cuadros eran principalmente barcos plasmados en papel que provocaban la sensación de casi poder oler a sal. Este pequeño nido era el lugar perfecto para nosotros y a pesar de su diminuto tamaño pudimos encajar los muebles necesarios como si de un puzzle se tratara. Fue triste dejar la casa de Patricia, sobre todo para ella, pero todos habíamos pasado la prueba de cómo sobrevivir en un mismo techo: una suegra, una nuera y el hijo de esa suegra de la nuera. La sensación de haber superado esa prueba con creces, sin roces y con positivismo nos había dado a todos una lección de convivencia. Así que el movimiento de ficha que hicimos Fede y yo, sentaba bien, era el momento apropiado.

Pajarito que te posaste en mi corazón,
todavía sigues piando con tesón.

Ahora es diferente,
porque vivimos con la realidad de frente.

Aquellos primeros días
ya cambiaron...
Pero desde ese momento,
mi corazón y el tuyo juntos palpitaron.

Te sigo sintiendo cerca,
te escucho piando y sigo alerta...

Alerta de lo que nos ocurre,
alerta para sentirte así de cerca.

Corazón de pajarito, palpita conmigo
y nunca te olvides de ese primer pío-pío....

Mi madre envío por correo uno de sus pequeños toques personales que le dieron a la casa color y buen gusto. Me llegaron un buen día unas cortinas de cuadritos rojos y blancos bien dobladas en un inflado sobre marrón. Las colgué con orgullo en la cocina y fueron ellas, las cortinas, quienes decidieron que los complementos de la cocina irían todos en rojo. Siempre me ha apasionado la facilidad con la que mi madre convierte un trozo de tela en algo apreciado, útil o divertido. Siempre he admirado esa habilidad que tiene que la utiliza como si de un pañuelo sacara una paloma. Recuerdo el día que me quiso enseñar a tejer y las dos decidimos que no era una buena idea ya que al ser ella zurda y yo diestra, la lección estaba convirtiéndose en algo frustrante y nada entretenido para mí. Ese día decidí que eso de tejer y de coser no era para mí, pero es ahora cuando siento celos de esa habilidad de jugar y divertirse con los hilos y lanas, así que puede que algún día se lo vuelva a pedir y lo volvamos a intentar. Mi madre siempre ha tenido esa pasión, de hecho, cuando pienso en ella, muchas veces me viene esa imagen de ella cosiendo debajo de la ventana del salón, sentada en su butaca roja con los pies posados en un banquito de cuadros y sus gafas situadas en el precipicio de su nariz gritando ayuda y suplicando a gritos un empujón antes de caerse al suelo. Ahí suele estar ella, haciendo faldones para sus futuros nietos, bordando baberos para los nietos de sus amigas y cosiendo los agujeros de los calcetines de su marido e hijos. Ella es feliz cuando tiene la oportunidad de hacer algo por los demás y es por ello, por lo que el distanciamiento de sus dos hijas que están al otro lado del charco, le han dejado un hueco difícil de completar, una sensación de estómago vacío, una pena incurable que sólo encuentra su medicina cuando nos tiene cerca otra vez en periodos de vacaciones. Esto para mi ha sido uno de los factores más difíciles de superar al venirme aquí. Sus ojos no han vuelto a tener la misma luz y eso me hace sentir a veces culpable. Sé que no debería ser así, son los padres los que como los pájaros deberían cuidar de sus huevos y una vez ya nacidos enseñarles a valerse por si mismos, y luego sonreír cuando sus polluelos ya crecidos echan a volar. Es así como debería ser pero la parte de alzar al vuelo ha sido una de las escenas en las que mi madre más ha sufrido. Es un sentimiento que no puede esconder, es un reflejo de su alma y es que toda la vida nos ha dado el calor necesario para crecer fuertes pero nunca pensó que un día las dos hijas se echarían literalmente a volar. Sin embargo, ella espera en el nido nuestra llegada, especialmente la de su nuevo nieto, la de Noah que ahora goza de su divertida edad del descubrimiento, la de los cuatro años.

La convivencia entre Fede y yo, va bien, he tenido que aprender a no dejar mi bolso y mis abrigos repartidos por la casa como si de migas de pan, que descubren mi recorrido, se trataran. Él es organizado, extremadamente organizado, es una de esas personas que necesita el orden a su alrededor para que su cabeza se sienta también tranquila y amueblada. Digamos que yo soy un término medio, sobre todo desde que vivo con él. A mi tampoco me gusta dejar que los platos se acumulen en la pila o que una cama deshecha permanezca así todo el día pero tampoco me preocupo al ver alguna cosa fuera de su sitio. Eso sí, ya le he dicho mil veces que no me mueva las cosas, que yo tengo un orden y que a veces necesito dejar objetos al alcance de mis ojos para no olvidarme de ellos (interesante, de repente sueno como mi padre...). Poco a poco vamos encontrando la correcta mediada de sal y azúcar, así que vamos sobreviviendo a esta pequeña diferencia. Hay algo con lo que no puedo luchar, y eso son los ruidos que hace él cuando juega al balón en nuestro diminuto salón, la idea de que ese redondo terremoto esté volando tan cerca de nuestros muebles me pone nerviosa. En parte me recuerda a cuando mi hermano, Juanma, jugaba de pequeño con el cepillo de pelo de sus hermanas simulando que era una raqueta... Supongo que es divertido darse cuenta de los diferentes moldes con los que nos han hecho a cada uno, es bueno ver las diferencias que nos separan, siempre que sean pequeñas y superables. Todo va bien por aquí, hemos pasado los dos por diferentes escenarios y este es uno en el que los dos estamos disfrutando, a pesar de los pequeños obstáculos del día a día...

Soy la cometa a la que lleva el viento,
soy ahora esclava de mi dueño: el hilo,
esclava del destino...

Soy la cometa a la que lleva el viento
sin preguntarme qué es lo que yo siento...

Ahora sólo dependo del rígido hilo,
del que me llevará lejos
sin preguntarme qué es lo que yo siento.

Ahora él es el que manda: El poderoso y fuerte viento...

Después de la semana de abril, me puse otra vez a preguntar constantemente a mi ordenador si tenía algún trabajo para mí. Casi llegando a una actitud de adicción frente a mi cuenta Yahoo, una actitud que encontraba su desánimo al ver que no había grandes noticias. Me propuse ir al gimnasio por las mañanas después de desayunar y así poder mantener mi mente ocupada. Descubrí el yoga y lo bien que se siente una al hacer posturas como la de "happy baby" o la "postura fetal", imagino que esta es una lección de cuánto más fácil es vivir cuando uno regresa a su momentos tiernos de bebé, cuando la vida es más sencilla porque siempre hay ahí alguien disponible para ayudar y darte mimos. Así que seguí experimentando posturas y actividades que me hicieran sentir bien ante la incertidumbre provocada por la búsqueda de trabajo. El día consistía en desayunar, vestirse, dar un paseo con Fede, ir al gimnasio y luego buscar y buscar trabajo. No hacía mucho tiempo que yo había estado en esa misma situación, hacía sólo cuatro meses cuando había encontrado el trabajo cubriendo la baja maternal de Laura, pero esta vez, la situación parecía diferente, parecía que la escena se movía a cámara lenta y que los emails de contestación no eran tan fugaces y optimistas como la última vez. Probablemente era el lobo de la crisis que acechaba la economía que se escondía de sus garras, el cual se presentaba de una manera feroz y alarmante. Menos mal que había encontrado una academia en la que daba clases esporádicas de español, una academia montada por un americano y una española de Madrid. Pagaban muy poquito y el viaje constaba en cincuenta minutos de ida y cincuenta minutos de vuelta, así que era difícil sobrevivir con esta pequeña contribución a mi cuenta bancaria. Algo bueno que me trajo este trabajo temporal, fue un grupo de estudiantes que luego se convirtieron en mis amigas. Era reconfortante romper con la rutina y llegar al fin de semana. Hacía ya calor en Boston. Todos allí habían tomado la decisión de llevar las chancletas en los pies pasaras lo que pasara, al igual que los pantalones cortos y las camisetas coloridas después de un oscuro y largo invierno. Nosotros, vivimos a unos diez minutos de la parada de metro de Davi's square, un lugar donde se dan cita diferentes tipos de personajes. Tenemos desde los clásicos que viven ya más en la parte cercana a Cambridge hasta los personajes que rompen moldes, como un chico de color que se pasea todos los días con una bicicleta que ha construido él mismo, a la cual le ha unido un carrito de la compra en su parte delantera y otros estrafalarios artículos decorativos. En este segundo grupo, también tenemos a un hombre que camina sin dirección de un lado para otro como si estuviera nadando en una piscina a delante a atrás, de atrás adelante, un hombre con la mirada perdida, probablemente debido al consumo de sustancias no muy beneficiosas para su cerebro, un hombre que a veces parece divertido y a veces da miedo. Cada día aparece con un atuendo diferente, luciendo desde un modelito preparado para la lucha en la guerra hasta un modelito de gala, basado en una chaqueta negra, diez tallas más grande que la suya y una cinta en la cabeza a modo samurai. También tenemos un personaje que se pasa el día caminando y chillando palabras y sonidos estridentes ininteligibles, a veces, cuando pasas a su lado te enseña sus dedos en forma de "V", haciendo el símbolo de paz, me pregunto constantemente si pudo ser algo que tomó en su época hippy lo que le dejó en el estado en el que se encuentra ahora, que vete tú a saber cuál es. Muchas veces me intriga por saber lo que pasará por las cabezas de estas personas, cómo verán el mundo y a menudo, he pensado que probablemente sean ellos los que piensan que nosotros, los que vamos a trabajar corriendo por las mañanas con el café en mano somos los que hacemos cosas extrañas.

- Puede que tengan razón- pienso mientras escribo…

Así que de esa manera iban pasando los días y las noches.

Sentada en el metro
viendo las vías pasar,
me encuentro aquí dentro
viendo a las personas actuar...

Están leyendo, a la gente viendo, durmiendo...
Y no saben que de ellas estoy escribiendo.

Hoy es un día en el que soy feliz,
por haber recuperado mi pasión por escribir...

Yo empezaba a desesperarme y mi sensación de miedo a no encontrar un trabajo para el comienzo del curso dos mil nueve se agrandaba cada día como si un monstruo colocado frente a mí se estirara, mostrándome su peor cara y sus afilados colmillos. Todos allí hablaban de la crisis, en las noticias no paraban de recordarnos que estábamos atravesando la tormenta de la crisis económica que estaba sacudiendo EE.UU. y otros países del planeta. Esta vez había pocas ofertas de trabajo y muchas de ellas yo tachaba debido a la necesidad de un título, requerido como profesora de Massachusetts que era obligado para poder optar a ese puesto público. Un día decidí inscribirme para comenzar a estudiar y así, sacarme el título. Fue enorme mi desconsuelo al ver que la primera prueba constaba de una sección guiada por complejos textos en inglés que retaba la comprensión y el entendimiento del juego de palabras en el idioma. Esta era una prueba que se presentaba como un reto para el que tenía el inglés como lengua nativa así que se presentaba ante mi como una montaña rusa cuesta arriba, la cual yo observaba con una mochila llena de piedras a mi espalda. Un reto difícil que constaría en un trabajo de horas y dinero gastado hasta que pudiera llegar a la cima y así poder gritar "Eureka". En esta nueva etapa de mi vida, había decidido enfrentarme a los retos con una sonrisa y con una frase permanente en mi frente que decía "yo puedo" (probablemente, esta afirmación me la había contagiado el Señor Obama). Esta vez no quise subir esa montaña, ya que veía que podía desprenderme por el barranquillo antes de llegar a mi meta. Me curé de posibles disgustos y escondí los libros que había recibido en un cajón que está situado debajo de la televisión. Ahí permanecerían hasta que un día volviera a acordarme de ellos o hasta que en un día de mudanza me topara con aquellos materiales ya olvidados. Entre emails y preguntas, descubrí que sin este título podría dar clases en colegios privados, así que reduje mis posibilidades de búsqueda como si de un menú organizado en un restaurante para el fin de semana se tratara. Ahora sólo tendría esta o esta opción, y alguna de ellas iba a tener que ser elegida aunque no fuera la más deseada.

-¿Dónde está Belmont?-le pregunté a Fede desde la otra esquina del salón.

-No está lejos, manda el currículum-me animó él.

Así lo hice, Fede me había dicho que no estaba demasiado lejos de nuestra casa y Google maps me había confirmado que se encontraba a un tiempo estimado de treinta minutos en coche.

-Bueno, pues lo envío-pensé, no hay nada que perder.

Al día siguiente recibí un email de parte de una mujer llamada Susan, me dijo que les había gustado mi curriculum y que la directora me quería conocer. Tuvimos suerte, en ese momento, Nat, el amigo del que os he hablado alguna vez, el que trabaja como profesor de instituto, nos había cedido su Honda Civic color rojo mientras estaba en la India descubriendo mundo. Fede me llevó a mi entrevista. Cuando entré en ese colegio situado en la cima de una pequeña montaña que se alzaba empezando en Belmont Center, pude ver que era un lugar especial. En la puerta me saludó un hombre alegre y con buen humor, le dije que tenía una entrevista con la directora y enseguida me senté en un banquito de madera que encontré enfrente del mostrador. Miré a mi alrededor, el lugar parecía la entrada de una de esas casitas que alquilas para pasar un fin de semana esquiando. Los techos eran de madera, las vigas se encontraban en el punto medio formando un triángulo y se juntaban todas alineadas en el centro del mismo. Había jarrones con flores por varios de los rincones y las paredes lucían un color entre azul y gris que transmitía tranquilidad. Allí me encontraba yo, mirando cada uno de esos huecos, observando aquel lugar con los ojos abiertos. De repente, me dijo aquel señor de la sonrisa que ya podía pasar y después de atravesar un pequeño laberinto de puertas y pasillos llegué al despacho de la directora. Ese rincón era un lugar especial, en las baldas había fotos de niños que podían ser tanto estudiantes como sus nietos, sus libros sobre enseñanza se entremezclaban con la foto de un hombre que podría ser su marido y en sus paredes, con los pósters dedicados a su profesión se encontraba un corcho donde había fotos de unos niños que tenían un parecido a ella, junto a todo ello, divisé unos dibujos creados por unas manos minúsculas y posiblemente por una mente creativa de no más de cuatro años. Ahí me di cuenta de que aquella mujer estaba plenamente dedicada a su trabajo, ahí, en esa habitación se mezclaban los aspectos de su vida personal con su perfil profesional. Algo que no necesariamente es negativo y algo de lo que pasa a formar parte de una persona cuando firma un contrato en aquel despacho. La conversación mantenida con ella fue dulce y entretenida. Ella escuchaba y hacía las preguntas adecuadas al momento, y para las cuales yo buscaba mis respuestas acertadas. Hablamos de mi vida profesional y enseguida se dio cuenta de que no tenía mucha experiencia como profesora en colegio, pero más adelante se empezó a interesar por mi vida personal. Le conté sin tapujos por qué me encontraba en Boston y sinceramente me mostré como una persona entusiasta y curiosa ante la posición de enseñar a los estudiantes, aunque en el fondo me sentía nerviosilla e intimidada por esa "pequeña gran mujer". Seguidamente, entre palabras y palabras, apareció una chica, ella lucía unas bermudas vaqueras que le daban un aspecto informal. Su atuendo declaraba que los estudiantes ya no estaban en el edificio dando a un profesor la idea de permitirse el lujo de estar en apariencia cómoda en aquel lluvioso día de Julio. Hablamos las tres, la conversación fluía como si nos conociéramos desde hace tiempo, mis nervios desaparecieron y ahí me encontraba yo en una cómoda butaca manteniendo una conversación frente aquellas dos mujeres. La directora tenía el pelo corto con un bonito tono gris- blanquecino, de talla pequeña, una mujer inteligente y con un poder mágico a la hora de desprender sabiduría y grandeza a través de sus palabras y de su saber estar. Sabía escuchar y su edad le había dado la sabiduría de la experiencia convirtiéndola en una buena paloma consejera, la otra mujer era la profesora que cedía amigablemente su posición de maestra de español de los grados de sexto, séptimo y octavo, para así, poder cambiarse al departamento de informática de la escuela. Después de hablar con la directora, ella me llevó a conocer el colegio, de primeras me pareció un laberinto de emocionantes escondrijos que se alineaban y se entrelazaban en pasillos curvilíneos. Finalmente, bajando un piso, me enseñó la clase de idiomas, las sillas estaban apiladas junto a las mesas, no estaban colocadas pero se podía apreciar el espacio prestigioso del que disponían los estudiantes en su labor de aprender un idioma. Cogió varios libros con sus brazos y me mostró los materiales, los libros se apilaban en un armario estudiadamente ordenados. Había una mesa situada en una de las paredes de la clase, la cual tenía unos cajones llenos de carpetas organizadas por temas y lecciones donde se encontraban materiales coloridos y llamativos. Mi primera impresión fue buena, muy buena y yo soy de las personas que piensan que eso es lo que cuenta. Después de charlar y revisar los materiales, volvimos las dos al despacho de la directora y ahí ella me dijo que le gustaría que volviese alguno de estos días para hacer una prueba donde yo mostraría mis dotes de profesora frente algunos estudiantes. Cogí mi bolso y con una sonrisa me despedí de aquellos nuevos personajes que habían entrado silenciosamente en mi vida, no miré para atrás, esperando volver a verlos. Ella no tardó en llamarme, aquella misma tarde me pidió que volviera al día siguiente al colegio a dar una clase, me dijo que no sabía cuántos estudiantes habría ya que era verano y que no sabía exactamente el nivel que tendrían, así que yo pensé en una actividad abierta que me dotara de la facilidad de adaptarme a la situación. A la mañana siguiente, muy temprano, yo ya estaba en el colegio media hora antes, ahí me encontré con otras personas que eran también pilares a la hora de tomar decisiones en el colegio y enseguida me invitaron a ir a una clase a mostrar mis habilidades. Curiosamente esta vez no estaba nerviosa, a pesar de que la situación de estar frente a un público de seis jueces que tomaban notas suponía para mi un reto. En dos sillas, ahí sentadas se encontraban dos dulces estudiantes. No sabían muchas palabras en español lo cual me lo ponía más difícil, pero hicimos unos breves juegos de palabras, nos presentamos en español y me olvidé de aquella fila de apuntadores que estaba situada al fondo de aquella habitación. Pasé la prueba, las notas que tomaron debieron de ser positivas porque enseguida me informaron de que el puesto era mío.

Una sensación de alivio me inundó, un estado de alegría y tranquilidad se juntaron en mis entrañas como si de un cocktail de buenas sensaciones se tratara. Decidí volver andando a pie y dejé aquella pequeña casita de piedra a mis espaldas para empezar un paseo de vuelta a casa con una sonrisa que inevitablemente se dibujaba en mi rostro. Al cabo de tres días, al salir de casa me topé con una cesta rústica de madera en la puerta. En la cesta, cuatro plantas decoradas con un lazo naranja y una tarjeta donde ponía:

-¡Bienvenida a la escuela!

Casi no me lo podía creer, era una de las sorpresas más bonitas que había recibido en mucho tiempo. Ahí volví a recordar el mensaje que había captado en mi primera estancia en aquel despacho. Mi vida personal y mi vida profesional se unirían, a partir de ese momento, mi papel de profesora no se quedaría en el colegio sino que permanecería en mi a pesar de no encontrarme entre aquellas paredes. La verdad, es que estaba deseando ver el colegio repleto de estudiantes, mi imagen de ese lugar era como la de ver una cocina con las fogones apagados, con el horno sin funcionar, sin cocinero ni olores tentadores desprendidos. El colegio en verano, no era el mismo lugar, no era una foto real de aquel sitio, faltaba los niños como a una maceta unas flores o como a un estanque los patos.

"Siendo extranjera, parece que puedes explorar toda una vida entera..."

Después de informar a mi familia y amigos de la buena noticia, me sentía más ligera, más calmada, parecía que alguien me había hecho el favor de quitarme esas piedras pesadas que llevaba en la espalda por ya más de tres meses. La mala conciencia por no tener trabajo se había esfumado sin dejar rastro y parecía que alguien había rociado con polvos pica-pica mi autoestima aportándole una fuerza jovial. Al saber que en septiembre empezaría a trabajar, Fede y yo decidimos planear un viaje a España para pasar tres semanas con la familia y amigos. Mi madre recibió la noticia con alegría y casi podía visualizar su imagen tomando nota sobre los días que íbamos a estar ahí. El tiempo pasó rápido, julio fue un mes lluvioso en Boston y las moscas se caían al suelo sorprendidas por el cambio de las temperaturas. Mientras, yo abría las ventanas de par en par de nuestro apartamento dejando que el aire fresco se colara y así pudiera visitar a las plantas marchitas, las cuales respondían alzando sus hojas y consiguiendo una imagen más vital y alegre...

Ese verano nos desplazábamos de un lado para otro con el Honda Civic que nos había prestado Nat para el verano. Solíamos recibir emails de él contándonos su experiencia en la India y era emocionante pensar en todas las historias que se estaba acumulando en su diario en el capítulo de su viaje. Cuando ya nos quedaban dos días para coger nuestro avión destino España, decidimos ir al centro a comprar los últimos regalos para la familia, pensamos en ir a Harvard y por eso decidimos coger el metro y dejar el coche aparcado en la acera de enfrente de nuestro apartamento. Después de una buena caminata, buscando pequeños detalles que meter en nuestras maletas, regresamos a casa cargados con varias bolsas. Al entrar en nuestra casa, nos giramos para asegurarnos de que el coche rojo estaba allí.

-Cristina; ¿ Fue aquí donde lo aparcamos anoche, verdad?- Me preguntó él frunciendo el ceño.
-Eso creo- contesté confundida.

Los dos cruzamos la carretera corriendo y buscando señales que nos indicaran que habíamos aparcado mal, y en el fondo, esperábamos que se lo hubiera llevado la grúa. Desafortunadamente, no encontramos esas señales, así que Fede se atrevió a mencionar lo que en ese momento rondaba por mi cabeza.

-¡Nos lo han robado!

-¡No puede ser!- me resistía yo, pensando que podría haber otras razones por las cuales el coche ya no estaba allí.

Que ironía pensar que Nat nos había dejado el coche ese verano para que lo cuidásemos y ahí nos encontrábamos los dos con las manos en la cabeza, preguntándonos cómo había sido posible. Enseguida entramos en casa y comenzamos a hacer llamadas buscando respuestas. Fede escribió un email a Nat que llevaba como encabezamiento: malas noticias, tu coche. Fede fue a comisaría a dar el parte y afortunadamente el coche apareció unas horas más tarde. Pobre coche, le habían dejado desnudo, le había quitado todas las cosas que pudieran tener éxito en el mercado y lo habían abandonado dos calles paralelas a nuestra casa. Le comentamos las noticias a Nat, sintiéndonos mal por romper esa burbuja en la que se encontraba sumergido en su viaje por la India. Nos sentíamos culpables de tener que escribirle para traerle en unos segundos a la realidad y así informarle de que su coche habías sido víctima del vandalismo de la cuidad. El nos dio una lección ese día, nos escribió de vuelta, diciéndonos que no nos preocupáramos, que ya se encargaría él cuando llegase. Así que con la historia ya en nuestras espaldas, cogimos ese vuelo dirección Bibao.

CAPÍTULO SEXTO-
RETROCEDEMOS- VIAJE A BILBAO: PINTXOS, PINTXOS Y MAS DELICIOSOS PINTXOS ...

*Echo de menos esas montañas,
aquellas que acogen a mi familia bilbaína y a mi parte asturiana,*

Echo de menos los pintxos, la sidra, la canción de la familia cada mañana.

Por eso voy en su busca, voy en busca de la familia que el Mar Cantábrico baña.

Mis padres, mis hermanos, mis amigos y mi familia asturiana, voy en su encuentro para que me den medicina contra la añoranza...

-Finalmente, las merecidas vacaciones-respiramos los dos profundamente cuando nos vimos ya sentados en el avión con las piernas encogidas y las bandejas recogidas y preparadas para el despegue. Mi madre nos esperaba con una gran sonrisa en el aeropuerto, la vimos enseguida tras los cristales cuando estábamos esperando a que las cintas nos trajeran nuestras maletas. En cuanto puede abrazarle aproveché para llenarme de esa dosis poderosa de amor de madre que llevaba escaseando en mí hacía ya diez meses. Se le veía contenta pero no pudo esconder que algo le preocupaba, algo pasaba por su cabeza mientras hablaba con nosotros. Yo había notado que su cara parecía distinta, estaba un poco hinchada y los ojos se le hundían en unas pequeñas bolsas que se acumulaban en el perfil de sus verdes aceitunas. Nos contó que llevaba varios meses encontrándose baja de defensas y que una reacción química en su cuerpo provocada por la combinación desacertada de unos medicamentos que le habían recetado, había provocado una explosión química como si de un cocktail Molotov se tratara. Parecía que el cuerpo estaba recuperándose por sí solo de la inesperada respuesta provocada ante aquellos químicos intrusos. Mi madre es conocida por su vitalidad, por su fuerza y su ritmo frenético ante la vida y esta vez su cuerpo estaba funcionando con muy poca gasolina, con pocas reservas y parecía que todo le costaba más. Para mí esta noticia fue como chocarme contra un cristal no visto al querer pasar al otro lado de una habitación. Mis hermanos y yo hemos tenido la suerte de que mis padres siempre han gozado de buena salud y energía suficiente para seguir adelante y por eso el ver la figura de mi madre más cansada, fue como si me dieran una pequeña y punzante patada en el estómago. Uno prefiere vivir siempre con la idea de que los padres y las personas que quieren son invencibles así que el día en el que un hecho te demuestra que esto es un mito, es decepcionante, es inquietante, es simplemente injusto.

Finalmente, Fede y yo dejamos las maletas en casa y bajamos al bar de abajo a tomarnos el pintxito de tortilla con el que llevábamos soñando varios meses. Lo acompañamos con un café con espuma y recién salido de esa grande y reluciente cafetera, ahí, charlamos y charlamos con mis padres sobre nuestra vida en las Américas. Pasado los días, mi madre parecía que se iba recuperando y aunque yo sabía que era debido al esfuerzo que ponía en presentarnos su mejor cara, este hecho hizo que me tranquilizara y que me preparara para disfrutar de mi vuelta a casa. Al fin y al cabo, comprendí que lo que le había sucedido se trataba simplemente de una mala decisión tomada por un médico y que su cuerpo estaba haciendo todo lo posible para echar desconsideradamente a ese no invitado visitante.

El olor de Bilbao me trajo memorias de mi pasado, las caras conocidas de la Gran Vía me transportaban a mis momentos en el colegio, mis experiencias en la universidad o cualquier otro recuerdo vinculado a esas personas. Era verano y el sol daba una luz agradecida a la ciudad. Bilbao se vestía de azul y las banderillas colocadas en las calles y en las terrazas de las cafeterías anunciaban el gran evento del año: las fiestas de Bilbao. Fede y yo habíamos elegido esas fechas de agosto para nuestro viaje porque sabíamos que sería más fácil encontrarnos con nuestros amigos y conocidos ya que en fiestas todos los rebaños se completaban y se dirigían a las "txosnas" a soltarse y a disfrutar del ambiente. El Kalimotxo es la bebida que brillaba con excelencia en estas fiestas, esta simple mezcla de vino tinto con Coca-Cola patrocinaba todos los encuentros. Una combinación ininteligible para las personas que no han crecido con ella, una bebida típica del norte y extendida a lugares como Madrid y otros destinos. No tardamos en quedar con nuestros amigos, a muchos de ellos llevábamos tiempo sin verlos. Ahí estaban Laura (mi amiga del colegio) y su novio francés, Pierre. También nos encontramos con Moni (mi buena compañera de mis años de uniforme) y su novio Egoitz (un chico bonachón). Los seis disfrutábamos de nuestros encuentros ya que las chicas nos conocíamos desde hacía ya mucho tiempo y nuestros acompañantes se reían ante sus conversaciones sobre fútbol y comida. Nunca se me olvidará un consejo que me dio mi padre sobre lo complicado que era hacer amigos cuando uno tenía ya una pareja estable, me llamó la atención cuando me hizo reflexionar sobre el hecho de que no sólo tú tenías que compenetrarte con esa persona sino que también vuestras parejas tendrían que llevarse bien. Así que era para mi una alegría ver que Fede también disfrutaba de mis encuentros con mis amigas ya que él también tendría la oportunidad de juntarse con los suyos. También estaban otras parejas amigas... Todos formábamos un buen conjunto y una buena receta para pasarlo bien. Las fiestas seguían su ritmo, noche tras noche, sin descanso. Casi todos los allí presentes teníamos colgado del cuello un pañuelo azul que reflejaba nuestro espíritu festivo. Las personas se acumulaban en las terrazas y las calles estaban abarrotadas de gente con ganas de pasárselo bien. Ahí no olía a crisis, la gente seguía gastando y disfrutando como siempre, dejando las penas en casa mientras las cuentas corrientes se deshinchaban ante la decisión tomada por sus titulares de pasarlo bien. Los fuegos artificiales eran a las doce de la noche y a esa hora todos nos distribuíamos en diferentes puntos estratégicos de la ciudad y mirábamos hacía arriba durante treinta minutos con la boca abierta ante el bonito y lucido espectáculo de luces.

-Cristina, cuanto tiempo. ¿Qué es de tu vida, dónde vives ahora?- Esta era la pregunta con la que me topaba a menudo por las calles, algunos ya me habían perdido la pista en mi viaje a Dublín así que era imprescindible contarles que el que estaba a mi lado ya era mi marido y que ahora ambos vivíamos en Boston. A veces cuando resumía la historia, me costaba creer que éramos nosotros los protagonistas, las cosas habían corrido a la velocidad que puede tomar un coche de carreras de Fórmula Uno, así que era sorprendente resumir los acontecimientos en pocas palabras para hacer amena la historia de los últimos años.

Esas noches y esos días nos reímos, bebimos, bailamos y disfrutamos como unos niños en la playa jugando con la arena. Fede, con su pañuelo al cuello, parecía un bilbaíno más y aguantaba el ritmo como si hubiera estado entrenándose todos los veranos como muchas de las allí presentes almas festivas. Los días pasaban con una combinación de encuentros de amigos y familia, un menú completo siempre acompañado por un buen vino y una merecida sobremesa. Qué bien me sabían las comidas de mamá y qué contenta estaba ella teniendo la oportunidad de poner todos esos manjares caseros encima de la mesa: cordero con patatas, lubina a la sal, sopa de pescado, ensalada aliñada con su toque personal, tomates rellenos, berenjenas y su delicioso flan de coco (por el cual yo sería capaz de cualquier cosa). En mis recuerdos, la casa siempre tenía ese olor a ajo y cebolla, casi siempre había algo cocinándose en el horno o en la sartén y, por eso, mi madre quería ser fiel a esos recuerdos y cocinar aprovechando que estábamos allí. Fede, una persona al que le cuesta pronunciar la palabra "no", asumió la consecuencia de tener en todo momento su plato lleno ante su cara de circunstancia. Lo bueno es que ya venía preparado y ya contaba con llevarse a Boston de regreso buenas memorias del viaje y un par de kilitos más. Era ya conocido el chiste en mi casa que decía que yo le mataba de hambre con leche desnatada, así que mi hermano y el resto de la familia le alimentaban sin remordimiento.

Otra de las razones por las que habíamos elegido esa fecha para viajar, era la esperada boda de mi prima Paula. El afortunado se llama Carlos, un chico sonriente, alto y simpático. A la vera de la pareja; mis tíos, Marifi y Talo, unas personas de gran corazón. Mi prima Bea, la cual mantiene entre muchos, dos títulos importantes: la hija de mis tíos y por ello ese día hermana de la novia, y madrina de mi sobrino Noah. Ella una chica dedicada, especial y también profesora. Todos ellos se vistieron de gala y de color para celebrar la boda de Paula. Mi prima ese día estaba feliz, sonriente, su vestido se amoldaba a ella perfectamente siguiéndola y acompañándola en todos sus movimientos. En la mesa nos sentaron con unas buenas conversadoras, mis primas; Sandra y Mavi y a su vera, sus maridos. Mi tía Mari y mi abuela se sentaban en la mesa con mis padres. Era una buena sensación la de poder encontrarse cerca de la familia celebrando una buena noticia que nos salpicaba con alegría y desparpajo. El alcohol esa noche se me subió rápido a la cabeza, se me había olvidado lo cargadas que servían las copas en España, en un momento en el que bailamos la esperada canción de "Paquito el chocolatero" creo que demostré mi alegría y alboroto causadas por aquellas gotitas de alcohol extra.

En nuestro viaje a España decidimos ir unos días a la capital. Cogimos el autobús y en unas cinco horas ya nos encontrábamos en ese escenario que había presenciado nuestros comienzos. Quedamos con lo amigos y disfrutamos de esas cañitas con limón en las calles de Madrid. Pudimos encontrarnos con Gorka, Ignacio y su gran compañero, German. Gema y Guiseppe habían ido a Italia a pasar unos días así que desafortunadamente no coincidimos con ellos, también echamos de menos la otra pieza del puzzle de nuestro original grupo creado en el mostrador del aeropuerto, Jimena, había regresado a vivir a Argentina, donde finalmente había encontrado al chico que había estado buscando en Madrid durante más de cinco años. Todos allí recordábamos historias, hablábamos de la vida, nuestros presentes eran ya muy distintos a los que eran hacía ya más de cuatro años. Ignacio estaba viviendo un momento complicado debido a la enfermedad de su hermano, German, su compañero, estaba a su lado, Gorka se había ido a Teruel y seguía esperando al amor de su vida detrás del mostrador, pero esta vez cerca de las montañas, y nosotros, pues ahí estábamos nosotros, con un poquito de aquí y un poquito de allí. Era emocionante encontrarnos otra vez, esa misma noche, nos dejamos caer por las calles de Chueca, nos fuimos al "Why Not" y bailamos como en los viejos tiempos. En el grupo, también estaban ellos: Vicky y Juan, una pareja alegre y emprendedora… Ahí pasamos las horas dejando que nuestros esqueletos hicieran sus movimientos, parecía que todo seguía igual. Madrid seguía tan radiante como siempre, todos paseamos esa noche por aquellas callejuelas de la ciudad. Por un momento, vimos el portal que había formado parte del decorado de nuestra vida allí, y fue inevitable que a todos nos diera pena pensar que esos días ya formaban parte del pasado. La Gran Vía estaba repleta de distintos tipos de personajes, la variedad y la diversidad se hacían presentes en aquella abarrotada calle principal. Había personas esperando a los taxis, había otros pidiendo dinero en la calle, otros buscaban un 'after hour' y otros simplemente se concentraban para mantenerse en pie después de una larga noche.

Durante el viaje, fijé los recuerdos en fotografías y casi, sin darnos cuenta, ya estábamos otra vez en Bilbao despidiéndonos de mi familia para regresar a Boston. A lo largo de los años he aprendido a no pensar demasiado en los momentos tristes, así que mientras me encontraba sentada en mi lugar en el avión, me esforzaba por engañar a mi agonía y así concentrarme en la historia que contaba mi libro de bolsillo o en los cotilleos que divulgaban en la prensa rosa. Pasamos por París donde nos comimos un bollito de mantequilla con un café olé, y luego continuamos nuestro viaje destino a casa. Yo sentía una pequeña espinita que estrangulaba mi garganta pero prefería seguir fijando mis ojos en la revista que tenía en mis manos y desviar mis pensamientos para no ponerme triste. Dejábamos atrás otra vez a la familia y amigos, y nos dirigíamos a un lugar donde se encontraba la otra parte: la otra familia y los otros amigos. Es curiosa la sensación que tiene una persona que no vive en el país que le ha visto nacer y crecer, su corazón está dividido en dos, como dos mitades separadas, dos mitades que sólo pueden ser unidas físicamente a través de un avión, de un viaje y de un cambio de horario guiado por unas maletas...

PARADA SEPTIMA: BOSTON: JUGANDO A SER PROFESORA

El calor de Boston a nuestra llegada nos dio la bienvenida con una bocanada de aire húmedo y caliente. Nos quitamos las chaquetas y nuestro cuerpo enseguida aceptó la nueva temperatura. Patricia había venido a buscarnos al aeropuerto, al verla me vinieron recuerdos de la vez que nos vino a recoger cuando llegamos a Boston a vivir, parecía que el tiempo se había paralizado, yo estaba teniendo "déjà vu", era como si la escena se repitiera, un año más tarde. Llegando a casa y después de meter nuestra ropa en los armarios y cajones, pusimos los bañadores en cajas destinadas a los cajones donde ponía "verano". Seguidamente, nos fuimos a dormir esperando encontrar el sueño perdido por el camino.

-¡Buenas noches, guapa!. Mañana arrancamos otra vez y volvemos a nuestra rutina. No tenemos que olvidar que sólo tenemos un mes para comprar un coche y tú pronto empezarás el colegio así que descansa y prepárate que mañana necesitaremos adrenalina para seguir construyendo esta vida.
-Buenas noches, Federico-. Le dije casi sin fuerzas y dejando que mi mano se perdiera en la almohada permitiendo que mi cuerpo cogiera una cómoda y tentadora postura fetal.

¡Preparados, listos, ya! ...

Teníamos pocos días para recuperar el ritmo que habíamos dejado aparcado antes de irnos de viaje. Necesitábamos comprar un coche para que yo lo pudiera tener para empezar el trabajo. Ahí estábamos otra vez, rodeados de ardillas, de gente corriendo por cada esquina, ahí estábamos de nuevo en ese escenario donde se veían Dunking Donught's y Starbucks por todos los rincones y donde los diferentes acentos se fundían como el chocolate en una cazuela. Nos costó mucho trabajo encontrar un coche que pudiéramos pagar con nuestro presupuesto de cuatro mil dólares. Al final encontramos un pequeño Nissan Sentra que no estaba tan oxidado como todos los que habíamos visto anteriormente, un coche pequeño, manejable y funcional. Se lo compramos a una pareja que parecía honrada así que nos dimos una palmadita en la espalda al darnos cuenta de que ya teníamos una cosa menos en la que pensar, una tarea que tachar en nuestra lista, una preocupación que restar a nuestra ecuación. Yo volví a contactar con las amigas que estaban en este escenario: llamé a Delphine que estaba a punto de ser mamá, llamé a Laura que se acababa de enterar que estaba por sorpresa otra vez embarazada, Luci, la esposa de un amigo de la infancia de Fede, también estaba en mi agenda y también contacté a mi original y fiel amiga Kerry, amante del Karaoke, ella seguía ocupada en su tarea de buscar un buen y creyente futuro marido.

Los días antes de empezar el trabajo quise prepararme emocionalmente para enfrentarme al reto de formar parte de la plantilla de profesores de ese colegio que parecía tan especial. Abrí los libros que me había dado la profesora, a la que iba a sustituir, para saber cuáles serían los conceptos que iba a tener que explicar a lo largo del año, y así, empecé a apuntar en mi cuaderno cuáles eran las expectativas del curso. Enseguida estaba yo en el colegio, arrancando los motores para empezar la carrera del curso dos mil nueve. Fue un buen comienzo, porque ocurrió de una manera gradual, como el que prueba el vino con un pequeño trago inicial para captar el sabor... Al principio me concentré en conocer a los profesores, la primera semana me esforcé para recordar todos esos nombres que no había escuchado nunca antes y esa semana de formación fue una pequeña preparación para esperar la tormenta provocada por la llegada de los estudiantes. La bienvenida que me dieron todos fue cálida y atenta, y en esos días descubrí la sala donde se encontraba una mesa generosa que solía estar adornada de los colores de las galletas de azúcar, de manzanas rojas y verdes y de otras frutas y apetitosos caprichos; ésa era la sala de profesores, un lugar donde siempre había alguien leyendo el periódico, comiendo algo o haciendo fotocopias. En el centro había una mesa ovalada de madera y en una esquina se encontraba la maquina de cafés y tés. Al lado, se encontraba una repisa que cambiaba de tonalidad dependiendo de la hora del día en la que se encontrase; el desayuno, la comida o la merienda. Al principio yo me sentía como otra persona vestida con un traje de Cristina, me impresionaba lo que mi personalidad cambiaba por no poder comunicarme en mi lengua materna. Allí sentada parecía una persona tímida, de pocas palabras, un espejo invertido de la realidad. Me moría de ganas por charlar, por expresar mis opiniones. Mis palabras se amontonaban en mi garganta sin encontrar el momento de escapar y cuando ya decidían hacerlo, se les había pasado el turno. Así aprendí a vivir con la nueva persona vestida de mí, aquella chica más callada y observadora que nunca. Todos los allí presentes hablaban de estudiantes que yo no conocía y mencionaban palabras que yo casi ni entendía, así que yo poco podía decir. Opté por la opción más segura; pasar lo más desapercibida posible, por lo menos, al comienzo. Las primeras semanas por aquellos pasillos tomé una actitud de apuntadora, teniendo un radar continuo dispuesto a captar el nuevo lenguaje y los nuevos conceptos que debía aprender. Los estudiantes ya estaban allí y los pasillos se llenaban de filas de personajes de pequeña estatura. Las niñas llevaban ropas coloridas, dando prioridad al rosa y la mayoría de los niños llevaban pantalones de chandal que reposaban en sus pies, los cuales siempre iban arropados de diferentes estilos de zapatillas con una cosa en común: los cordones desatados. Cosa a la que me tuve que acostumbrar porque al parecer era casi una moda. Mis estudiantes eran ya un poquito más altos y más corpulentos. La mayoría de mis estudiantes de sexto grado, me estaban alcanzando en tamaño así que decidí no llevar zapato plano para intentar ganar unos centímetros en mi día a día. Aquel pequeño mundo de personajes, funcionaba con un orden extraordinario, naturalmente organizado como si se tratara de una unión de moléculas acertadas en una combinación genética. Las instrucciones que se daban en esas cuatro paredes, provenían de personas dedicadas a su trabajo, personas que se esforzaban por lanzar mensajes claros y concisos. En esos meses, me fui dando cuenta de que yo me encontraba en un lugar especial, donde las emociones flotaban en el aire y donde la facilidad de reír y de ser feliz era casi palpable, contagiosa... Especialmente, había un día y una hora donde el colegio entero se citaba cada semana reuniéndose en el salón de actos. Se llamaban las "Assemblies" y los estudiantes y muchos de los profesores nos sentábamos en el suelo para compartir momentos especiales que podían estar guiados por canciones o música protagonizada por los estudiantes, demostraciones de trabajos hechos por aquellos diminutos personajes u obras de teatro que llenaban los asientos de la parte de atrás donde eran los orgullosos padres quienes venían a grabar a sus hijos en sus actuaciones. Era un momento especial, un lugar con chispa, con magia, donde era fácil que a uno se le escaparan las lágrimas al escuchar un pequeño hilo de voz angelical emitido por un estudiante de preescolar o al presenciar un poema leído por un estudiante de octavo grado. Estos encuentros se iban amontonando en las memorias de aquellos estudiantes y en las cajas de recuerdos de los que estábamos allí, al otro lado del escenario. El calendario del colegio estaba repleto de eventos especiales. En el patio había un gran testigo de todo lo que ocurría en aquel rinconcito de aprendizaje, este testigo se llamaba el "Big Blue" y constaba de diferentes tubos de colores que creaban formas, puentes, toboganes, columpios. Un "todo en uno" donde los niños jugaban con él en sus recreos y donde las pequeñas historias del día a día se quedaban escondidas en aquel gran rincón. También había flores, diferentes dependiendo de la estación, las mesas del comedor de los estudiantes tenían casi siempre un jarrón con estos coloridos seres, lo que delataba que los estudiantes eran privilegiados y cuidados con detalle.

-¡¡¡¡RIIIIINNNNNGGGGGG!!!! A despertarse-gritó Federico saltando de la cama.

Otra vez entramos en una rutina, el despertador ya sonaba todas las mañanas a la misma hora, el café y la tostada con aceite también formaba parte de la escena matutina y los días transcurrían detrás de todas aquellas mañanas...

Dedicado a la persona que prepara el café de las mañanas:

El olor del café por las mañanas me despierta haciéndome saber que tú estás en la cocina. Cojo impulso para despertarme y así llegar hasta el origen del aroma de esos granos molidos que nos empujan para empezar el día. Empezamos a conversar a tempranas horas, escuchamos la radio y comentamos sobre el complejo estado del mundo que nos rodea... Después miramos las agujas del reloj y nos levantamos con un movimiento brusco de la silla. Empezamos el día, y éste se me hace largo esperando a terminar la conversación que hemos comenzado esta mañana.

Finalmente me despido de mis alumnos, ellos cierran sus libros y se alinean cerca de la puerta para salir de la clase. Yo ordeno mis cosas, cojo mi bolso y vuelvo a casa. Esperando encontrarte ahí, dispuesto a seguir charlando. Ahora juntos calentamos el horno y el rico olor que proviene de los fogones, envuelve nuestro hogar. Ponemos el mantel de cuadros rojos que me hizo mamá y colocamos la cena en la mesa, regando los sabores con un buen vaso de vino tinto. La conversación se anima y los dos reímos a la par. Una voz interior me confirma lo bien que se siente una por dentro viviendo estos momentos día tras día. Forma parte de una rutina, sí, es cierto. Una rutina buscada, necesaria, un componente más en la sucesión de los ritmos naturales. Cercana a la necesidad de saber que después del lunes vendrá el martes, que después de la primavera llegará el verano, que después de las doce llegarán las doce y media. Al igual que la sensación de calma que crea el sonido de este ritmo creado a partir de un ciclo natural, yo necesito saber que tú estarás ahí, preparando nuestro café por las mañanas y dispuesto a conversar conmigo en nuestras cenas. Repitiendo día tras días esos felices encuentros mientras me acompañas en este trayecto del viaje de la vida.

Son muchos los ingredientes en nuestra receta, son muchas las especias añadidas con el paso del tiempo. Después de varias pruebas hemos encontrado la combinación de sabores, olores, sonidos y caricias que se entrelazan creando al unísono una bonita y agradable melodía. Esta alineada mezcla ayuda a encontrar el punto justo de cocción, el punto necesario de lo agrio y lo dulce. Esta receta ayuda a poder sobrellevar los momentos duros con los que a veces la vida nos reta.

Rutina dulce y buscada,
me alegra saber que estás aquí acostada.

Tranquila, sana y serena,
acompañándonos a los dos con actitud de alegría y no de pena.

No te alejes nunca de nosotros, quédate a nuestro lado,
de esa manera yo sabré, que mi pareja permanecerá conmigo a mi costado….

***

Nos encontrábamos Fede y yo teniendo una de nuestras animadas conversaciones hablando de la vida…

-Entonces, ¿Te gustaría vivir en Boston?-me preguntó él con curiosidad.

-Imagino que sí. Creo que es una pregunta difícil de contestar. Me encantaría poder traer a Boston muchos de los elementos que me faltan y así poder crear mi propio mundo pero me temo que no puede ser posible. De algo de lo que me alegro es de ser profesora no sólo por tener la oportunidad de dejar el legado de mi idioma a la nueva generación sino también por poder disfrutar del regalo de tener tiempo en mis vacaciones de verano, las cuales me permiten pasar el tiempo con mis amigos y mi familia de allí… Me siento afortunada pensando que a lo largo del año, puedo disfrutar de los ingredientes que tiene este lugar y de los otros placenteros sabores que se presentan ante mí en mi ciudad natal y alrededores.

Eran las seis y media de la mañana de un lunes de mayo, un día de primavera que despertaba a los personajes de esta escena con la visita de los rayos de sol que se colaban por la rendija de mis persianas. Era demasiado temprano para poder utilizar mi dormido cerebro para ordenar mis ideas pero la responsabilidad llamaba a mi puerta otra vez así que di un salto en la cama cuando me di cuenta de la hora. Desayuné con Fede como lo solía hacer todas las mañanas. Salimos de casa y comprobé que la cartera, las llaves, la agenda y el libro sobre culturas de países hispano-hablantes estaban ahí, conmigo. Así que comencé a caminar con el ordenador colgado de mi hombro izquierdo y mi pesado bolso negro colgado de mi hombro derecho, seguidamente erguí el cuerpo para mantenerlo balanceado. Al dirigir mi mirada hacia arriba, me di cuenta del azul añil que lucía el cielo ese día, ninguna nube interrumpía la belleza y la armonía del color. Entramos en el coche y nos dirigimos al colegio como marcaba la rutina. Al llegar a la escuela, comencé el día corriendo por los pasillos para conseguir tener las fotocopias preparadas para mi clase de las diez, la cual sería con mis alumnos de octavo grado. El pretérito y sus usos ocuparon la pizarra de la clase y los alumnos se esforzaban por entender todas aquellas conjugaciones que bailaban en sus agotadas cabezas. Yo hacía mi actuación, mi puesta en escena estaba destinada al papel de entretener y de conseguir el interés de mi público. Después de mi clase, observaba las caras de aquellos adolescentes que empezaban a conocer los grandes retos de la vida, todos recogían sus libros y se frustraban ante la idea de tener que memorizar todas aquellas conjugaciones para el día siguiente. De repente, me di cuenta de que yo estaba ahí, en ese lugar, enseñando a aquellos estudiantes... Todos los acontecimientos se habían ido amontonando en mi memoria que a veces la sensación de que la vida iba tan rápido me podía llegar a ahogar al ver que uno no la podía perseguir. Sin embargo, ese día sentí que tenía que tomar un profundo respiro, un momento para pensar, para reflexionar, para mirarme al espejo. Ahí estaba yo y finalmente había conseguido establecer mi vida en Boston. Por el momento, claro...

"Sólo es digno de libertad quien sabe conquistarla cada día" *(Goethe, 1749-1832). Poeta y dramaturgo alemán*

Yo seguía paseando por los pasillos como si fuera una espectadora observando una película real, intentaba espiar a los profesores que me rodeaban para aprender ese lenguaje mágico que sólo los estudiantes podían entender, intentaba guardarme las expresiones y las palabras en mi cajita de memoria a largo plazo para así ponerlas en práctica en mis actuaciones. Los niños ya iban entendiendo mi acento, ya me iban conociendo un poquito mejor y yo, ya con todos sus nombres memorizados en mi cabeza ya me iba sintiendo más segura...

En abril del dos mil once, tuve la oportunidad de ir con nueve de mis estudiantes a Costa Rica. Fue un viaje increíble y probablemente irrepetible. Fue ella, la directora quien había propuesto que nos acompañara Federico, de esa forma, los niños practicarían español y además tendríamos a otro hombre que proteger nuestras espaldas, así que en compañía del director de secundaria, de Ellen (una profesora del colegio) y de Fede, estaba yo controlando a aquellos emocionados "personajillos" que se sentían libres ante la idea de viajar a un país exótico como Costa Rica sin la compañía de sus padres. Ese viaje fue maravilloso, estuvo lleno de aventuras y de sorpresas que sólo la Naturaleza te puede dar. Ellos, ya unos amigos consolidados, Caroline y Tucker nos sumergieron en este viaje de aventuras: una pareja soñadora y emprendedora que había decidido poner sus sueños en marcha en aquel rinconcito verde, rodeado de mar y vigilado por los monos de la Península de Nicoya. Uno de mis capítulos favoritos de ese viaje fue cuando visitamos una escuela local, mis estudiantes se comunicaron con los niños de la zona en español y fue mágico para mi ver que lo que habían aprendido en clase lo podían trasladar a la realidad. La mezcla de todos los elementos hizo que fuera una maravillosa ensalada de acontecimientos donde la Naturaleza y las gentes de Costa Rica jugaron un papel principal. En muchos momentos, cada uno de nosotros nos sentimos libres, yo especialmente sentí esa libertad cuando monté a "Blanquita", mi caballo, dejándome guiar por él y disfrutando del movimiento marcado por su galope. Después de ese viaje,

Fede y yo tomamos la decisión de ir en busca de un bebé. La idea de ampliar la familia nos hacía felices, nos llenaba de intriga y de emoción, así que buscamos el momento, y nos pusimos "manos a la obra"...

Las buenas noticias no tardaron en llegar...

Una tarde de jueves, me dirigí a la farmacia de la esquina y controlando mis nervios y mi curiosidad compré un test de embarazo. Me alegré al descubrir que había tres pruebas en una misma caja, así que yo podría hacer una de ellas y después volverlo a hacer cuando él estuviera conmigo. La razón por la que esta vez lo quise hacer primero sola fue para no repetir la decepción del mes anterior. Debido a que llevábamos tan poco tiempo dedicado a esta búsqueda, tal y como marcaban las estadísticas, las probabilidades seguían siendo bajas.

Esperé unos minutos, unos eternos minutos... Y miré de reojo ese pequeño y misterioso aparato. Yo quería desesperadamente ver esas dos rayas de las que hablaban en las instrucciones pero la segunda línea no estaba lo suficientemente definida como para que yo pudiera gritar "eureka". Lo volví a intentar y ocurrió lo mismo, había dos líneas pero no estaban demasiado marcadas. Fede esa noche llegó cuando yo ya había caído en el colchón de la cama como peso plomo, así que esperamos al fin de semana para volverlo a intentar. Finalmente me compré el test que confirmaba el embarazo de una forma más clara. Ahí fue cuando Fede y yo vimos ese minúsculo mensajito que decía: "Pregnant", una emoción indescriptible se apoderó de nosotros. Era difícil de creer, pero aparentemente íbamos a ser papás. Realmente sucede como un milagro, todo empieza con un momento bonito y placentero y a partir de ahí, es ella, la Naturaleza, quien se encarga de todo. Los dos estábamos pletóricos, deseando descorchar una botella de cava. Nos miramos y sonreímos -¿Estamos de verdad preparados para esa nueva aventura juntos? -Pensamos los dos en voz alta…

- TIN- TON- TIN- TON…
- Sí, ya estás aquí…

Tu corazoncito ha empezado a latir,
como el tic- tac de las agujas de un reloj,
como si lo hiciera al son de una melódica canción…

Ya estamos aquí esperándote
y aunque parce que todavía tienes un tamaño insignificante,
no puedo evitar quererte como amaba escribir sus obras el escritor Dante.

- TIN- TON- TIN- TON…
- DIN- DON- DIN- DON…

Naciste de un amor verdadero
y ojalá eso te traiga suerte en tu sendero…

- TIN- TON- TIN- TON…
- DIN- DON- DIN- DON…

¿Cómo voy a esperar tanto tiempo si ya me muero de ganas por conocer a la personita que llevo dentro? …

Mi embarazo fue un momento muy especial para mí. Me sentí más poderosa que nunca al saber que estaba creando una criatura sin demasiado esfuerzo, la Naturaleza se estaba encargando de todo y yo sólo le seguía las pasos e intentaba cuidarme todo lo posible. Recuerdo que me sentía muy feliz, creía que era responsable en ese momento de mi estado de ánimo y que más que nunca tenía que esforzarme por encontrarme bien y contenta. Así que esta etapa la viví con los cinco sentidos, siendo consciente en cada momento de cómo me encontraba y de cómo iba cambiando mi cuerpo. Mis antojos no fueron demasiado exigentes; mandarinas, aceitunas y lentejas... El momento de conocer a nuestro pequeño; Marcos, fue indescriptible y mágico. Todo ello dio un giro a mi vida. Ya no era una parada de tren nueva, sino una estación distinta, un juego diferente, un nuevo territorio en el que vivir al que probablemente podría dedicar un libro entero ya que para mí la maternidad me abre los ojos día a día en muchos sentidos, y es ella de la que aprendo constantemente intentando mantener el humor a pesar de los obstáculos.

La foto de la actualidad, se presenta en diferentes escenarios; Mis padres y mi hermano siguen rodeados de las montañas y de los caseríos en la ciudad de Bilbao. Mi hermana, está a orillas del Pacífico, bajo los rayos del sol californiano, a su vera, los mágicos personajes: Noah, un niño dulce y angelical, quien ya es capaz de arrancar una sonrisa a cualquiera con sus elocuentes y fascinantes pensamientos y comentarios, y el pequeño y recién llegado: Alex. Con ellos, y al son de la música, David.

En Boston, estamos Patricia, su parte de la familia, Fede y yo. Nuestros amigos están repartidos. El grupo de Madrid ya se ha quedado reducido, mi grupo de Bilbao permanece fiel a la tierra y muchos de ellos siguen disfrutando de la vida que ofrecen aquellos paisajes verdes. Jimena, sigue en Argentina con Mariano y sus deseados hijos, al final era allí donde encontró a su media naranja, y así diferentes amigos y familiares en distintas paradas de tren...

Durante el camino, he aprendido que el escenario no es tan importante, la felicidad no está en un lugar o en otro, la tienes que buscar en el sitio donde estés. A veces pienso que mi corazón se ha dividido y tanto como tengo un ventrículo derecho y un ventrículo izquierdo, también tengo un espacio para mi parte española y otro espacio para mi parte extranjera. A partir de aquí va a ser complicado siempre unir los dos lados, por eso, Federico y yo siempre soñamos con la idea de llevar a cabo proyectos que nos pudieran dar el rico sabor de poder combinar ambos lugares en una sola vida, en este vagón de tren...

Al final, lo que importa no son los años de vida, sino la vida de los años (Abraham Lincoln, 1808-1865). Político estadounidense.

Yo empecé a encontrar a aquella Cristina que se había perdido por el camino, empecé a ser yo, a pesar de que el proceso era lento. Supongo que es algo a lo que me tenía que acostumbrar porque como sabemos, muchas veces nosotros cambiamos según el escenario en el que nos encontramos y, la verdad, es que si miro a mi alrededor, lo que veo es completamente distinto a lo que veía en Bilbao, Dublín, Palma, Madrid o Santander.

Las coincidencias han sido grandes protagonistas en el camino, todas ellas se han unido consiguiendo formar esta historia, probablemente si alguna de ellas no se hubiera dado en el mismo lugar y en mismo instante, puede que yo no estuviera escribiendo estas letras, seguramente este puzzle se hubiera quedado sin finalizar. Así que por ello, refuerzo mi gran creencia:

Confío en esas cosas que llamamos "causalidades".

Han sido muchas las "causalidades" (y no, casualidades) sucedidas durante este trayecto; como el trébol irlandés marcado en mi espalda, como las predicciones de un taxista que me recogió un día en las calles del Dublín, como la historia del Alquimista, del libro de Paulo Coelho que acompañó a Federico en su viaje…

-¿Es simplemente coincidencia que mi hermana y yo hayamos conocido a nuestros maridos en Irlanda? ¿Cómo ocurrió que las dos acabáramos viviendo en Estados Unidos? Y … ¿Cómo sucedió que las dos tuviéramos dos varones como hijos?- Supongo que me quedaré con la duda del por qué hay estas similitudes entre las dos. Solamente me queda la esperanza de saber que sí, que las dos cogimos el tren que nos correspondía…

Todas estas, y varias más ocasiones ocurridas se podrían categorizar como "causalidades". Es cierto que ante una mente científica estos hechos sólo serían coincidencias en un momento determinado en un lugar concreto. Puede ser, sí, yo no digo que no, pero me resulta más fácil vivir con mi idea de entender las cosas, a pesar de pecar de ser soñadora. Elijo pensar que las cosas que nos suceden, tienen un por qué, un sentido. Mi teoría a partir de aquí, es que hay que bailar el agua con la marea, hay que saborear el plato que nos ponen en ese momento en la mesa, hay que estar alerta de las señales y hay que dejarse llevar sin revelarse ante las situaciones. De repente el poema del principio de este cuento vuelve a cobrar significado...

El agua sonaba,
el viento agitaba,
el silencio callaba,
ante mi todo seguía su ritmo...

Yo era el espectador del mundo
y la película continuaba...

El agua seguía sonando,
el viento agitando
y el silencio callando...

Y yo, como espectador
permanecía viendo como la vida pasaba,
¿Acaso podía estar yo solo,
sólo como espectador?
Me quedé pensando un momento
y me di cuenta que era yo el protagonista de este cuento...

TOMAS FALSAS. ANÉCDOTAS.

Como una buena figura movida por impulsos, he estado muchas veces metida en diferentes escenas que parecían sacadas de la sección de tomas falsas de una película. Acciones torpes o divertidas en las que me he visto sumergida, esperando a que alguien me dijera que era una simple actuación y que no me preocupara porque íbamos a repetir la escena. Desafortunadamente, en la vida, muchas veces no tenemos la oportunidad de rebobinar y borrar el acontecimiento, la única opción que nos queda es salir de la escena lo más rápido y elegantemente posible.

Por alguna razón y no me pregunten por qué, yo me he visto y me veo en ese tipo de situaciones a menudo, forman parte de mi día a día, así que ya le voy cogiendo el truco a salir airosamente de las situaciones embarazosas. No se preocupen si les ocurre a ustedes, es sólo cuestión de práctica, una vez cometidas muchas tomas falsas, es cuando uno empieza a pensarse mejor el diálogo y sus movimientos para no meter la pata…

ESCENA I: "CHICKEN DAY" (INGLATERRA)

Esto sucedió mucho antes de conocer a Federico, antes casi de terminar la carrera. Era ahí, cuando mi cabeza seguía dando vueltas buscando la forma de pasar aquel verano del dos mil, sólo me quedaban dos años para terminar mis estudios en

Turismo y ya era hora de diseñar un plan para no derrochar mis meses estivales. Entre tantas posibilidades, finalmente, una de las agencias llamó mi atención, no sé si fueron los colores amarillo chillón y azul añil, o la cercanía de su oficina a mi casa. Entré a preguntar, y salí con mis manos ocupadas de lapiceros y cuadernitos con el llamativo logo de la agencia. Entre mis pequeños obsequios, estaba aquel catálogo cubierto de fotos atractivas y de sonrisas dignas de anuncio de servicios de ortodoncia. En aquellas fotos todos los allí impresos, parecían estar pasando un rato estupendo y viviendo la experiencia de sus vidas. Por supuesto, yo era demasiado inocente como para no caer en la trampa, así que me dirigí al salón de mi casa y allí estaba ella, me iba a costar convencerla pero por lo menos lo tenía que intentar…

-Mamá, creo que ya sé lo que quiero hacer este verano-le dije con mi sonrisa picarona.

-¿Y qué es?-me contestó mi polifacética madre mientras tejía y veía la dramática telenovela de la uno de televisión española.

-Bueno, pues creo que voy a ir a Inglaterra a trabajar en uno de estos Holiday Parks.

-¿Jolidas, qué?-me preguntó frunciendo el ceño.

-Holiday Park. Es un centro de diversión donde van familias inglesas a pasárselo bien y a la vez, es donde uno puede ir a trabajar y aprender inglés.

-Mmm, eso no me suena bien-me dijo, mostrando su incredulidad por este tipo de agencias.

Seguidamente, le conté la historia del agente. Le dije a mi madre que pensara en la película de Dirty Dancing, donde Patrick Swayze trabajaba en un lugar donde los ricos pasaban sus vacaciones. Yo estaría en la parte donde estaban los trabajadores, por supuesto, de una forma más responsable y más puritana que los bailarines de la película. Por lo menos, eso era lo que le quería contar a mi madre, pero en el fondo, con mi mente de adolescente en su proyecto a ser adulta, soñaba con ese bailarín esperándome en ese Holiday Park.

Un mes más tarde, yo ya estaba en el avión soñando con mi futuro Patrick y mis aventuras en aquel idílico lugar. Llegué al "Holiday Park" a las once de la noche, diez en Inglaterra, el guardia de seguridad me indicó dónde estaba mi habitación y allí pasé la noche intrigada pensando que me depararía el día siguiente.

Esa mañana, me vestí rápido, no sabía muy bien qué ponerme debido a que la noche anterior no había podido ver el lugar. Casi no sabía ni donde me encontraba. Al final, cogí mis vaqueros y mi neutral camiseta blanca y me dirigí al restaurante donde me esperaba una sorpresa...

Todos los comensales allí presentes tenían más de ochenta años, los empleados corrían por los pasillos del comedor para servirles la avena y los cereales a tiempo a esos impacientes y hambrientos ancianitos. Yo miraba la escena, como si fuera una película, en ese momento parecía una película de terror...

-¿Dónde está mi Patrick?–. Me pregunté.

Enseguida el responsable vino hacia mí. Su aspecto era poco saludable, su rostro desprendía un color blanquecino y opaco y debajo de sus ojos se marcaban esas líneas oscuras que delataban su necesidad de descansar. Hablamos por unos minutos y sin rodeos me entregó una triste e incómoda falda tubo negra junto con una camisa blanca a la que tuve que remangar las mangas tres o cuatro veces para descubrir mis brazos. Sinceramente, la escena me horrorizó, la foto del catálogo no correspondía en absoluto con la realidad.

-Qué disgusto-pensé. Apreté el delantal y me puse a trabajar.

A lo largo de los días me di cuenta de que ése iba a ser el escenario del resto de mi estancia allí. Conocí a un par de resignados camareros más y ambos juntamos nuestras fuerzas para superar ese reto. No es que me costara trabajar con personas mayores, ése no era mi problema, mi frustración era provocada por las falsas esperanzas que yo me había hecho. Era el duro momento de reconocer ante mi madre que ella tenía razón. Esa semana celebramos el noventa y nueve cumpleaños de una de las residentes, por supuesto, el personal acudimos al baile...

Bueno, los días pasaron y yo me iba conformando con las propinas que metía en mi bolsillo, la comida era espantosa en aquel lugar y yo aprendía a reírme de la situación, entre tanto, observaba a uno de los camareros españoles que había decidido comer sólo una cosa que viniera de esa cocina: cereales. Mientras, saboreábamos el jamón y el lomo que yo había metido en mi maleta a última hora y me preguntaba qué iba a hacer yo cuando se me acabaran las existencias.

Así que uno de esos días, cubriendo el turno de las cenas, yo ya estaba vestida con mi falda tubo negra, mi camisa remangada y mi pequeño delantal. Era el temido "chicken day" y el reto se basaba en servir cuantos más pollos pudieras en el mínimo tiempo posible. Yo me las apañaba en la cocina para poder apilar dos bandejas, y así poder llevar varios pollos a la vez, por supuesto, ellos no me lo ponían fácil, las pequeñas patitas y sus alas se estiraban en vertical convirtiendo mi puzzle en una tarea cada vez más complicada. Al final, y con la ayuda de unos separadores de plástico, conseguí que mis dos bandejas estuvieran repletas de pollos, en cada una había seis, así sumaban un total de doce. Si yo era capaz de llevar esos pollos a sus destino, sería capaz de ahorrarme un par de viajes a la cocina y con ello, adelantarme a las posibles quejas de aquellas temidas bocas hambrientas. Entré en el comedor con las bandejas tambaleando, imagino que los viejitos que me veían temían por su seguridad ante la posibilidad de ser atacados por un pollo. También supongo que la imagen desde sus mesas era parecida a dos piernas enfundadas en una falda tubo negra, un delantal y un pequeño tronco tapado por una granja de pollos decapitados. Ahí detrás, estaba yo. Conseguí llegar hasta el final del pasillo y fue en el momento de servir cuando mis habilidades como equilibrista fallaron, quité un pollo de la bandeja así que todos sus compañeros se acumularon en una de las esquinas. Cuando me quise dar cuenta...

-¡Bum!– ¡Había un señor con un pollo de sombrero!. Vaya mal rato que pasé, ójala hubiera sido una toma falsa de un rodaje… pero no, era la vida misma, era el peligro del directo. El señor comenzó a gritarme y yo por supuesto, no le entendía nada, aunque a decir verdad, me lo podía imaginar. Cogí una servilleta y agarré el dichoso pollo por una de las patas, en ese momento no sabía dónde colocarlo. Con los nervios, la situación sólo empeoró, cogí un trapo y empecé a limpiar a aquel brillante y grasiento señor. Él no era mi Patrick Swayze y la situación pasaba la línea de lo real. Todos me miraban, muchos se reían pero por supuesto yo no gesticulaba, me había quedado congelada. Corrí hacía la cocina buscando una guarida y una vez allí protegida, me costó salir, casi me quedo allí a ver pasar el mes y de esa forma llegar al día en el que dejar ese triste lugar. Finalmente, convertí mi historia en anécdota y pude reírme continuamente de esa situación durante mis largos días allí. Al fin de al cabo, el día que puse aquel pollo a ese hombre de sombrero, convirtió la cena de aquellos comensales en un evento emocionante y digno de una comedia.

-Menos mal que tenemos la ventaja de que las situaciones embarazosas se suelen convertir en nuestras mejores historias para contar-. Finalmente taché el día treinta de Julio en el calendario y emprendí mi viaje a casa más contenta como unas castañuelas. Llevaba la historia del "chicken day" y unas cuantas más escritas e impresas en mi memoria…

ESCENA II: PALMA DE MALLORCA

Yo continuaba sedienta de viajes y aventuras. Ya tenía mi maleta hecha y era fácil cogerla y posarla en un nuevo escenario… Después de mi estancia en Dublín y de mi regreso a Bilbao, mi imaginación volvió a brotar y con la ayuda de mi amiga Vicky, decidí emprender otra aventura en Palma de Mallorca. En esta escena Federico ya había entrado en acción, el problema era que en ese momento él todavía se encontraba en otro lugar, en otro terreno, así que mientras él seguía descubriendo Europa del este, yo me lanzaba a seguir buscando el Tesoro de la Felicidad. Mi compañera de aventuras, Vicky, la cual ya conocéis, estaba radiante ante la idea de empezar una nueva vida a orillas del Mediterráneo. La isla de Palma de Mallorca sonaba a diversión, olía a playa, a trabajo y a muchas más cosas apetitosas. Ambas cogimos el avión y nos plantamos en aquella isla con una maleta llena de ilusiones. El reto esta vez era encontrar trabajo y piso en el limitado y estrecho periodo de tiempo de dos semanas. Ahí era cuando nuestra oferta de alojamiento y menú completo terminaba así que sólo nos quedaba la opción de buscar otro colchón donde dormir y otros alimentos que comer. Estas dos semanas en el hotel fueron divertidas y estresantes al mismo tiempo. Ibamos contra corriente a aquellas mareas de turistas que desfilaban por el hotel con sus coloridos bañadores, sus caras y barrigas tostadas por el sol y sus cámaras de fotos colgadas de la muñeca. Nuestro plan era el opuesto a unas vacaciones relajadas, debíamos encontrar la solución a nuestra situación de incertidumbre en sólo dos semanas. Una de las llamadas que realizamos en nuestros primeros días fue dirigida al director de la oficinas de Hertz de Palma de Mallorca. Aprovechamos la oportunidad de llevar escrita en nuestro curriculum la experiencia de nuestro trabajo en la central de reservas de Hertz en Dublín. Enseguida localizamos a este hombre y él nos ofreció tomar un café. Era un hombre menudo, con el pelo canoso y ojillos vivarachos. Ese día llevaba una camisa de rayas, unos pantalones vaqueros informales y unas chancletas de playa. Hablamos con él y le contamos nuestra situación, y entre café y café él decidió ofrecernos un trabajo en el aeropuerto. Para Vicky la palabra mostrador sonaba a cascabeles. Su mente soñadora echó a volar y yo enseguida me dejé contagiar por sus ideas y positivas premoniciones. Todo sucedió muy rápido, en unos días ya estábamos las dos apuntadas a la plantilla de trabajadores de Hertz del aeropuerto. Yo trabajaría en el turno de mañana y Vicky en el de tarde. En dos días nos llamaron para probarnos los uniformes. Otra vez me encontraba yo en la situación de colocarme un atuendo dos tallas más grandes que la mía y ahí estábamos Vicky y yo metidas en la trastienda de un puesto de Hertz, probándonos esos impersonales uniformes. Cuando yo le miré a Vicky y ella me miró a mi, las dos soltamos una natural carcajada emitida desde lo más profundo de nuestras entrañas. Si iba a ser ése el uniforme que íbamos a tener que llevar, mejor tomárnoslo con humor. La chica que estaba en ese momento al otro lado del mostrador nos dio unas fundas negras para meter nuestras reliquias dentro de ellas. Cada una cogió la percha que sujetaba el uniforme enfundado y salimos de la oficina sonriendo y con la cabeza alta. La segunda prueba de uniformes fue en nuestra casa, Vicky volvió a ponerse ese pañuelo negro, amarillo y gris y le hizo una lazada girándolo hacia su costado derecho. Al estilo parisino cruzó la tela trazada en su cuello y me miró con ojos de orgullo. El segundo paso era concentrarse en esa camisa larga e impersonal blanca, enseguida ella se dirigió a su armario y eligió una camisa blanca entallada que tenía en su repertorio. A continuación se puso la camisa y se soltó el primer botón del escote. La falda era un poquito larga pero era un problema rápido de solucionar con una pequeña vuelta en la cintura. El ultimo paso fueron los zapatos; los cuales sustituyó por unas sandalias de tacón que se ataban al tobillo. Yo me quedé impresionada del cambio que había dado Vicky a ese aterrador uniforme. Con todas esas modificaciones, Vicky había conseguido un "look" sexy y sugerente diseñado para ganarse a los clientes.

-Muy bien-le dije- Estás lista-. Yo me miré y me conformé con aquellas sandalias de medio tacón que tenía puestas y aquella camisa blancucha que me habían dado.

El primer día de trabajo era un lunes, así que aprovechamos el fin de semana para salir y disfrutar de nuestro pequeño descanso entre trabajo como teleoperadoras y trabajo en el aeropuerto. Ese día yo empezaba mi jornada a las ocho de la mañana, así que después de apagar el despertador y de vestirme con ese atuendo, cogí el autobús en busca de conocer a mis nuevos compañeros de trabajo. Nada más llegar, dos hombres que atendían estresados el mostrador me enviaron al garaje del aeropuerto, ahí yo tenía que buscar la sección de Hertz y lo demás ya lo averiguaría yo por mi cuenta. Aquí es cuando viene la anécdota, la toma falsa.

-You? Are you Cristina Martínez?-me preguntó una mujer alemana, desgarbada y alta.
-Yes, I am-le contesté esperando descubrir el resto del acontecimiento.
-Bien, coge esos listados y aparca los coches de los clientes que van llegando.

La palabra aparcar, rechinó en mis oídos como si de música "heavy metal" a todo volumen se tratará. Estaba claro que yo no podía aparcar los coches, en ese momento no tenía carné de conducir. Intenté explicárselo pero enseguida ella se lanzó a ayudar a un cliente que no sabía donde dejar su coche así que me dejó ahí sola, rodeada de coches y de clientes apurados esperando su servicio.

-Otra vez aquí, Cristina-me dije a mí misma. Otra vez en una escena sacada de la sección de las tomas falsas. Yo, colocada en este parking con la idea de aparcar coches sin carné de conducir…. Vaya mañanita me esperaba….

Bueno, pues aparqué/moví un par de coches automáticos con la ayuda de un buen chico que se encontraba por ahí y controlé los daños y los marcadores de gasolina de los coches de los clientes. Finalmente se me acabó el turno, lo único que quería era irme a casa y quitarme ese oscuro uniforme. De camino le llamé a la futura azafata de Hertz.

-Vicky, cambia el pañuelo por la gorra y tus zapatos por una zapatillas que a partir de ahora somos "aparcadoras de coches"-le di el mensaje y me reí de nuestra situación- pero en el fondo, era una situación incómoda y de incertidumbre.

Esperé a que ella acabara el día y comentamos la jornada, ella tenía carné así que no era tan dramático para Vicky, pero yo....

-¿Qué iba hacer yo?-. Dejé el trabajo en una semana. Obviamente no estaba hecho para mí o... yo no estaba hecha para él...

Es curioso que varias de estas anécdotas las protagonizara también Vicky, las dos estábamos hechas de la misma pasta así que atraíamos las situaciones extrañas como la miel a las abejas...

ESCENA III: ¡SORPRESA!

Durante mi estancia en Dublín decidí hacer varios viajes en busca de unos amigos y de mi familia para asegurarme de que no se iban a olvidar de mí. Una de estas visitas decidí que sería sorpresa, así que fuí al cibercafé de O'Conell Street, compré un ticket con el que podría disponer de treinta minutos de conexión a Internet y tecleé el usuario y la contraseña que marcaba aquel diminuto papel amarillo. Al disponer de conexión y finalmente, le pregunté a Google sobre vuelos baratos de Dublín a Jerez. Después de varios intentos fallidos conseguí una oferta razonable y que afortunadamente coincidía con las fechas. Instantáneamente, di a la tecla de "intro" y apareció en mi pantalla el itinerario y el número de la reserva. Busqué una cómplice entre mi grupo de amigas, y fue María quien se lanzó a preparar la sorpresa conmigo. Ella me deletreó la dirección donde estaría el apartamento que habían alquilado ella y mis amigas de toda la vida. Ella apuntó los datos del vuelo y esperamos al siguiente paso.

Veintiséis de Julio, veintisiete de Julio y finalmente, llegó el día del vuelo. Estaba emocionada soñando con pasar unos días bajo los generosos rayos del sol del Sur de España, allí estarían mis amigas, sorprendidas y ésta también sería una gran oportunidad para conversar con ellas, para saber sus historias, sus novedades…No podía esperar para pisar el suelo de aeropuerto de Jerez y empezar a disfrutar de mis vacaciones cerca del cálida costa.

Ese viaje dirección Cádiz, no empezó bien. Perdí la cartera en el aeropuerto y después de encontrarla corrí hacia la puerta de embarque con un gran sofoco. El vuelo a Barcelona fue relajado, sin turbulencias, así que en mi llegada al aeropuerto decidí sentarme en una de las cafeterías para tomarme un café. Desafortunadamente, al mirar la hora del próximo avión, mis ojos se fijaron en los números que venían marcados al final del billete, sin darme cuenta de que esa era la hora en la que el avión despegaría. Pasando por lo alto ese "significante" detalle, seguí saboreando los últimos granos de ese café que se posaban en el fondo de la taza, mientras tanto, continúe disfrutando al escuchar a mi alrededor las conversaciones en castellano, finalmente, podía entender otra vez lo que ocurría a mi alrededor. Después de pagar la cuenta, me levanté, cogí mi bolso, comprobé que tenía en mi cartera el pasaporte y el billete, y me dirigí tranquilamente a la puerta de embarque. Sorprendentemente cuando llegue a la Puerta cuarenta vi que sólo había una mujer conversando sofocadamente con una de las azafatas. Al llegar, ella me informó de que había perdido el vuelo. En ese momento, la señora y yo corrimos al mostrador de Iberia para asegurarnos de que nuestras maletas estaban localizadas. Era claro que nuestro equipaje ya estaba dirección Jerez y nosotras ya no podíamos hacer nada para detenerlo. La escena volvía a ser una de esas de las que parecen arrancadas de la realidad. Ahí estaba la mujer de pelo rojo erizado, con su falda violeta y sus tacones altos, acompañándola, un caniche blanco de pelo electrocutado y con ellos, ahí me encontraba yo. Afortunadamente nos topamos con una chica educada al otro lado del mostrador, su camisa estaba perfectamente planchada, su moño bien agarrado con horquillas y sus labios acertadamente perfilados. Ella nos organizó el viaje y nos dio instrucciones para que cogeríamos un avión a Sevilla, el plan era que allí nos contactaría un taxista para llevarnos a Jerez.

-María, he perdido el avión-. Le comenté tensando inconscientemente los músculos de cara y cuello.
-No te preocupes. Estamos aquí, en el apartamento-. Me dijo confirmándome que todavía nadie se había dando cuenta de la inesperada llegada.
-Gracias-. Le contesté con alivio.

La señora que me acompañaba resultó ser una mujer que se creía la propia reencarnación de una diosa y cada palabra que salía de su boca me hacía pensar más profundamente que lo que estaba ocurriendo no podía ser cierto. Tenía que ser una toma falsa.

-¡Luces, cámara y acción!.

Nos montamos en el avión y rápidamente llegamos a Sevilla. Cuando llegamos al aeropuerto un hombre trajeado nos informó de que debíamos ir al parking y buscar a un taxista que estaría escondido esperándonos. La razón por la que el taxista se ocultaba era porque esa noche, en Sevilla los conductores de taxis habían decidido convocar una huelga para reclamar por sus derechos. Después de este comunicado, sin hacer muchas preguntas, seguí la marea y fui a buscar al camuflado conductor, ya nada me sorprendía, casi que estaba dispuesta a encontrarme con un tiburón en el garaje aquella noche, nada de lo que estaba ocurriendo parecía normal. La mujer reencarnada decidió esperar en la barra del bar del aeropuerto acompañada por un whisky con hielos mientras esperaba a que yo llegase.

Llegué a ese oscuro parking, el olor a gasolina era fuerte y difícil de respirar. Yo estaba asustada, ese escenario empezaba a parecer al de una película de terror. De repente escuché un estridente silbido desde una de las esquinas de aquel oscuro lugar y seguidamente se encendieron las luces de un coche blanco. El señor condujo hasta mí y sus mofletes sonrientes me dieron confianza. Se presentó y me contó la situación de la huelga en la que estaba involucrado, esa noche el había decidido ganarse un dinero traicionando a sus compañeros de protesta y por eso debía evitar encontrarse con ellos. Así que pronto fui a buscar a la mujer que quería llevarse el whisky al taxi y finalmente nos subimos las dos y su perrito a aquel coche camuflado.

Después de un largo viaje escuchando las estrafalarias historias de aquella extraña mujer, yo llegué a mi destino. Eran las dos de la madrugada y el timbre del apartamento sonó. María abrió la puerta ante la incertidumbre de las presentes. En ese momento, donde todas esperaban en sus sillas con incredulidad, en ese mismo instante, aparecí yo, atravesé la puerta y ....

-¡Sorpresa!-.

Allí estaban ocho de mis amigas del grupo de "toda la vida". Si no recuerdo mal, en ese segundo, nadie sonrió, sus caras se quedaron congeladas, sus bocas petrificadas y sus mentes en blanco. Era como si hubieran visto un fantasma.

La realidad es que casi lo era porque yo lucía un blanco calcino comparado con sus tonos tostados y dorados por el sol.

-¿Cristina? -. Gritó Mónica desde la esquina de la mesa.
-¿De dónde sales?-. Me preguntó. Ahí todas reaccionaron, entendieron lo que estaba sucediendo y finalmente se alegraron al verme. Me sirvieron un vaso de vino y les conté la anécdota de la que había sido partícipe en las últimas horas de mi trayecto. Qué buena la sensación que me recorría en el cuerpo sabiendo que finalmente había llegado sana y salva. Ya lejos de aquella curiosa historia de la mujer reencarnada y de su perrito Boil. Ya estaba tranquila, rodeada de mis amigas del colegio así que ya preparada para comenzar una animada conversación. Esa noche salimos a celebrar la nueva incorporación al grupo...

ESCENA IV: "FIRE GRILL"

Como buena actriz en escenario desconocido y con un idioma que no era el mío, fue fácil vivir varias escenas guiadas por la confusión en el lenguaje. Tengo varios ejemplos pero uno que me viene ahora a la cabeza es el del "fire grill". Sitúense en la cafetería de la escuela donde trabajo. Varios profesores están comiendo alrededor de esa mesa redonda localizada en el centro de la cafetería que cubre todos los ángulos de visión para prevenir cualquier situaciones imprevisibles entre los estudiantes. Creo que era mi segunda semana trabajando para la escuela y en la conversación una profesora comenta:

-Hoy a las tres habrá un "fire drill".

-¿Fire drill?-pregunto yo con curiosidad.

Una de las profesoras me explica lo que es pero yo no le entiendo todas las palabras así que inmediatamente doy libertad a mi imaginación e intento averiguar qué es lo que va a suceder a las tres de la tarde. Inmediatamente me di cuenta que era algo relacionado con fuego y como todo lo que pasaba en aquel lugar parecía tan entretenido y enfocado a que los estudiantes se conocieran en esas primeras semanas de orientación, pensé que a las tres íbamos a hacer un "fire grill" y probablemente sentarnos alrededor de un fuego a comer "Hot dogs".

Me quedé pensativa y cuando terminé de comer me puse en la fila para dejar mi plato en la pila de vajilla que se dirigía a la cocina para ser lavada para el siguiente turno de estudiantes y profesores hambrientos.

Mientras daba mi última clase de aquella jornada y enseñaba a mis estudiantes cómo hablar del tiempo, sonó una alarma que dejaba un estridente ruido en mi tímpano. Sin pararme a pensar, me di cuenta que era la alarma de incendio. Así que sin pensarlo alineé a mis estudiantes y les llevé corriendo a la escalera. Por supuesto, rompí todo el protocolo. Cuando vi a los profesores calmados en filas y en silencio dirigiéndose al patio de la escuela es cuando aprendí lo que era un "fire drill", algo muy distinto al "fire grill" que yo esperaba con entusiasmo...

ESCENA V: "Dale a tu cuerpo alegría Macarena..."

Recién llagada a la cuidad de Boston, donde todavía me encontraba perdida en sus calles, pasé un día por el conocido parque situado en el centro. Ante mi despistado caminar me topé con un curioso evento. Me costó entender la situación al principio pero finalmente entendí que se trataba de un encuentro social protagonizado por personas de edad avanzada. Aparentemente se habían reunido allí para desayunar donuts mojados en café. Era un grupo grande, me arriesgaría a decir que había más de sesenta personas. En un momento en el que yo observaba la situación, la música empezó a sonar y todos ellos comenzaron a bailar la canción de la Macarena. Sólo uno o dos de ese gran grupo sabían los pasos del baile, así que sin pensarlo dos veces, dejé mi bolso en la hierba, posé mi carpeta en un banco y me animé a enseñarles a todos los allí presentes los movimientos de la Macarena. La verdad es que fue un momento divertido, otro de esos de los que podrían ser surrealistas, pero lo bueno era que esta vez no era embarazoso como en otras ocasiones... Cuando el tono de la canción paró, regresé al banco a coger mi carpeta y mi bolso, y con una gran sonrisa puesta en la cara de todos aquellos personajes seguí mi camino esperando a que mi experiencia en aquella ciudad me trajera más ocasiones improvistas como aquella....

Gracias a Lucía y Bea por dedicar tiempo y esfuerzo a leer y corregir este libro antes de que lo metiéramos al "horno". Es admirable cuando dos amigas te hacen un favor sin esperar nada a cambio...

Gracias también a cuatro entrañables personajes de este cuento que forman parte de mi día a día y que se han incorporado a mi historia y a la historia de mis hijos en los últimos años: Carolina y su hija Juana, y Emily y su hija Evie.

Gracias también a Kerry por creer en mí y por darme un empujón a escribir este libro en la barra de un bar acompañadas por una copa de vino.

Gracias a todos los personajes que forman parte de mi presente, que junto a Fede y mis hijos, dibujan y trazan la historia de mi vida...